KB148036

행복계약을
맺은 사람들

행복계약을 맺은 사람들
복지국가의 원초적 약속에 관한 이야기

초판 1쇄 펴낸날 | 2023년 7월 3일

지은이 | 강상준
펴낸이 | 고성환
펴낸곳 | (사)한국방송통신대학교출판문화원
　　　　주소　서울특별시 종로구 이화장길 54 (03088)
　　　　전화　1644-1232
　　　　팩스　(02)741-4570
　　　　홈페이지　http://press.knou.ac.kr
　　　　출판등록　1982년 6월 7일 제1-491호

출판위원장 | 박지호
편집 | 장빛나 · 김영주
편집 디자인 | 티디디자인
표지 디자인 | 이하나

ⓒ 강상준, 2023
ISBN 978-89-20-04687-2　03330

값 17,000원

■ 잘못 만들어진 책은 바꾸어 드립니다.
■ 이 책의 내용에 대한 무단 복제 및 전재를 금하며 지은이와 (사)한국방송통신대
　학교출판문화원의 허락 없이는 어떤 방식으로든 2차적 저작물을 출판하거나
　유포할 수 없습니다.

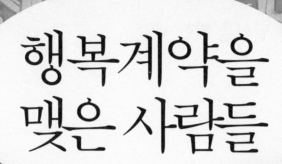

행복계약을
맺은 사람들

강상준 지음

복지국가의 원초적 약속에 관한 이야기

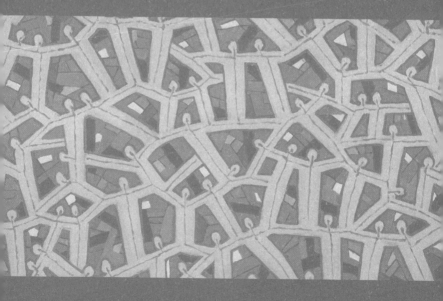

지식의날개

행복달성을 위한 계약

"교수님! 행복은 그저 '느끼는' 거 아닌가요? 왜 자꾸 행복을 '달성해야' 하는 것처럼 표현하세요?" 이 책을 기획한 편집자가 물었다. '행복달성'이라는 합성어가 어색하게 들린다고. 왜일까? 우리는 오랫동안 행복에 대한 사전적 정의 즉 '생활에서 충분한 만족과 기쁨을 느끼어 흐뭇함'을 개인의 감정으로만 국한했기 때문이 아닐까?

보물은 모두에게 돌아가지 않는다. 찾는다는 것은 보물처럼 어떤 귀한 무언가를 애써 구하는 것을 의미한다. 귀한 만큼 흔하지 않기에 어딘가 감추어져 있는 보물을, 어떤 사람들은 갖은 방법을 동원하여 뒤지거나 편법을 이용해 얻기도 한다. 간혹 운이 좋아 보물을 찾아내는 사람이 나타나기도 하지만, 운은 말 그대로 행운일 뿐, 그런 복은 나에게 쉬이 오지 않는다.

어린 시절의 추억 한 토막, 소풍의 단골 프로그램인 보물찾기가 떠오른다. 나는 왜 늘 보물을 찾지 못할까? 누구나 보물을 가질 수 없다는 보물찾기의 규칙을 너무나 잘 알기에 보물을 찾은 아이들을 부러워 하면서 '보물찾기 능력'의 부족함을 책망하거나 '보물운'이 없음을 한탄했다. 생각해 보면 우리는 행복을 꼭 보물찾기로 여기는 것 같기도 하다. 정말 그런가? 그렇다면 보물을 숨긴 자는 누구인가.

행복은 사회정책의 핵심 주제이자 이슈이다. 그럼에도 불구하고 행복에 대한 개념적 접근은 양분된다. 행복을 사회적으로 접근하는 사람들은 행복을 둘러싼 사회구조적 환경에 대해 이야기한다. 행복을 개인의 감정으로 바라보는 이들은 각자의 삶 속에서 느끼는 즐거움이라고 이야기한다.

행복을 바라보는 이 두 가지 관점은 우리가 행복에 다

가가는 길을 다르게 닦아 나가도록 한다. 행복을 누리기 위해, 우리는 행복을 달성해야 하는가? 혹은 행복감을 느껴야 하는가? 이와 같이 행복에 대한 다른 접근은 사회정책의 방향성과 내용, 수준 등을 논의하고 결정하는 데 중요한 요소가 된다. 그리고 이 논의의 결과는 개인의 행복에 영향을 끼친다.

행복을 달성한다는 것은, 충족되어야만 하는 기본적인 조건들이 존재한다는 것을 의미한다. 그 조건들이란 바로 '본질적 인간'으로서의 삶이다. 생존만을 위한 '만인 대 만인의 투쟁'Bellum omnium contra omnes으로서의 동물적 삶이 아닌, 공동체적 존재로서 모든 사람들의 존엄이 보장된 인간적인 삶이 그것이다.

사회가 구성되기 위해 사람들은 '사회계약'에 묵시적으로 동의했다. 자연상태에서 벗어나기 위해 만인 대 만인의 투쟁보다는 국가라는 공동체를 구성해 대응하는 것이 효율적이었기 때문이다. 그래서 사람들은 국가에 권력을 위임한다는 원초적 약속을 한 것이다. 이제는 한발 더 나아가야 한다. 국가는 그냥 국가로 머물러서는 안 된다. 복지국가가 되어야 한다.

국가가 형성되었을 때 이미 묵시적으로 동의를 했듯이,

복지국가도 사람들의 행복을 달성시킬 수 있도록 계약을 맺었다는 사실을 잊지 말아야 한다. 행복달성을 위해 사람들은 또 한 번 권력을 위임했다. 이제는 자연상태의 위험에서 벗어나는 것을 뛰어넘어 사회적 위험에 공동으로 대응하기 위해서 말이다. 이러한 맥락에서 헤겔도 행복달성을 국가의 의무라고 주장한 바 있다.

행복은 결코 혼자서 누릴 수 있는 것이 아님에도 개인의 책임으로 귀결되는 이슈들이 종종 나타난다. 행복은 개인의 삶 속에 묻어 있지만 얻어지는 것이 아닌, 권리로 보장되어야 한다. 대한민국 헌법 제10조는 그것을 명확하게 규정하고 있다. 모든 국민은 인간으로서의 존엄과 가치를 가지며, 행복을 추구할 권리를 가진다고 말이다.

이 책《행복계약을 맺은 사람들》은 행복이 왜 인간에게 주어진 당연한 권리이며, 국가가 어떻게 개인의 행복을 권리로 보장해야 하는지 국가의 의무와 책임에 대한 이야기로, 복지국가론에 대한 이해를 돕기 위한 입문서이다. 이 책을 통해 '국가의 모든 사회정책은 시민의 행복에 초점이 맞추어져야 한다'라는 명제의 당위성이 더 이상 논쟁거리가 되지 않기를 바란다.

차례

1부

행복을 아시나요?

내 행복을 책임지는 자는 누구인가

- 2022년 10월 30일 일요일, 그날 아침 -

일상에서 정신적 고통과 신체적 불쾌감 없이 만족을 느낄 수 있는 상태,
이것을 자유롭게 추구할 수 있는 기본적 권리가 바로 행복추구권이다.

사회복지 실천현장에서 오랫동안 우정을 나누며 함께
일한 지인과 함께 춘천에서 서울까지 약 150킬로미터의 가
을을 자전거로 만끽했다. 깊어 가는 가을의 북한강변은 무
척이나 아름다웠다. '서울에서 춘천' 방향이 아닌, '춘천에
서 서울'로 향하는 길은 자전거와 사람의 한가로움에 낙엽
의 서정이 더해져 가을 정취에 한껏 빠져들게 했다.

목적지인 각자의 집에 도착해 서로의 완주를 격려하며
'한국의 사회복지 발전'을 위해 사회복지 '실천현장'에서,

사회복지 '교육현장'에서 각자의 역할에 충실하자며 다짐을 했다. 뜨거운 물로 샤워를 마치니 불현듯 피곤함이 몰려왔다. 2022년 10월 29일 저녁, 나는 그렇게 일찍 잠이 들었다.

행복하고자 그곳에 있었을 뿐

다음 날 아침, 평소와 같이 오전 6시경에 눈을 떴다. 차 한 잔을 준비하면서 자동적으로 TV를 켰다. 어제의 자전거 완주로 인한 성취감은, 일요일 아침을 더욱 풍요롭게 해 주는 듯했다. 그래서인지 여느 때보다 나의 마음은 부풀어 올랐다. 그러나 그것도 잠시 ……. '펑!' 뉴스에서 흘러나오는 아나운서의 음성 때문에 내 안의 풍선은 순식간에 터져 버렸다.

"어젯밤 10시 30분쯤 용산구 이태원에서 ……"

서울 한복판, 그것도 젊은이들의 핫 플레이스로 알려진 곳에서, 지난밤 발생한 일에 대해, 대한민국을 넘어 전 세계의 모든 미디어에서 특보를 내보내고 있었다. 그제야 나는, 어제 자전거를 타고 지나면서 무심코 보았던 한강 시민공원의 그 많은 젊은 청년들의 모습이 떠올랐다.

주말의 한강변에는 늘 많은 사람들이 있었지만 그날은 평소와 달리 유독 젊은 청년들로 붐비고 있었다. 여느 때와 달리, 젊은이들이 양손에 쇼핑백이나 큰 가방 들을 들고 있어 의아했는데, 지금 돌이켜 보니 거기엔 핼러윈 데이를 재미있게 보내기 위한 소품이 들어 있던 것이 아니었나 싶다.

그랬다. 2022년 10월의 마지막 주말에 맞이하게 된 핼러윈 데이의 재미와 흥분은 서울의 여기저기에서 그리고 전국의 이곳저곳에서 시민들을 분주히 맞이하고 있었다. 사람들은 지친 일상을 재충전하고 위로하기 위해서 축제의 거리로 나왔다. 지인과 내가 춘천에서 서울까지 라이딩으로 또 다른 삶의 행복감을 만끽하며 앞으로의 각오를 재충전할 수 있었던 것처럼.

'행복해야 해!'라고 서로를 축복하거나 덕담을 나눌 수는 있지만, 그 말이 행복을 가져다줄 수는 없다. 그렇기에 인간은 자유 의지에 기반해 각자가 생각하는 행복한 삶을 살기 위해 노력한다. 저마다 생긴 모습이 다르듯이 생각하는 것 또한 다르고, 생각하는 행복의 조건도 다르지만 누구나 소소한 일상에서 행복을 찾고자 충실하게 하루하루를 보낸다.

불행을 인생의 목표로 삼는 사람은 이 지구에 단 한 명도 없을 것이다. 우리는 언제나 늘 행복하기를 바란다. 그래서 나와 가족의 행복을 위해 노력한다. 그럼에도 불구하고 모든 사람이 항상 행복하다고 자신하지는 못한다. 자신 있게 '행복하다!'라고 말할 수 없다는 것이 곧 불행한 삶을 가리키는 것은 아니다. 또한 솔직하게 '불행하지 않다!'라고 자신하는 것이 곧 행복을 의미하는 것도 아니다.

살아가는 동안 매일매일 행복감을 100퍼센트 만끽할 수는 없더라도 '불행이 내 삶을 통째로 지배하지 않았으면 ······' 하는 바람은 누구나 간직하고 있다. 평범한 일상 속에서도 소소하게나마 행복할 수 있다. 행복은 염원하거

[헌법 제10조]

1. 모든 국민은 인간으로서의 존엄과 가치를 가지며, 행복을 추구할 권리를 가진다.
2. 국가는 개인이 가지는 불가침의 기본적 인권을 확인하고 이를 보장할 의무를 진다.

나 강요한다고 달성될 수 있는 것이 아니다. 그러나 행복을 달성하려는 노력과 그 노력을 위해 활동하는 자유로운 의지를 빼앗긴다면 어떨까? 결코 행복해질 수 없을 것이다.

행복추구권과 시민권의 관계

국민의 권리와 의무를 규정한 대한민국 헌법 제2장의 첫 번째 조항인 제10조에는 중요한 단어가 등장한다. 그것은 바로 '행복'. 모든 국민은 행복을 추구할 권리가 있으며 행복을 추구하는 그 자체가 인간으로서의 존엄과 가치를 상징하는 것이라고 선언하고 있다. 덧붙여 모든 국민이 행복을 추구할 수 있도록, 행복을 누릴 수 있도록 국가는 책임져야 한다고 선포한다.

다시 말하면, 인간이라는 존재 그 자체는 행복할 권리를 소유하고 있는 원인이며 국가가 존재하는 기본 바탕이라고 헌법 제10조는 명시하고 있다. 인간이라는 이유 하나만으로도 행복을 추구하는 것은 당연히 누려야 할 권리로 규정된다. 행복추구권은 영국 철학자 존 로크John Locke,

1632~1704의 영향을 받아 미국의 '독립선언'에서 최초로 규정되었으며, 우리나라에서는 1980년 개정 헌법에 최초로 등장하였다.

그 누구도 자신의 삶이 불행하기를 원하지 않는 것처럼, 국가는 그 어떤 국민의 불행도 용인해서는 안 된다. 인간으로 태어난 이상, 인간으로서의 존엄과 가치를 보호받고 자신의 자유로운 의지에 기반해 행복을 추구할 수 있는 권리는 국가로부터 보장받아야 한다. 국가라는 공동체가 만들어진 이유의 핵심에는 인간의 '행복'이 있다.

그런데 이 행복추구권은 시민권Civil rights과 밀접한 관련이 있다. 시민권이 의미하는 바는 누구나 자유롭게 행복을 추구할 수 있는 권리의 존재라는 것이다. '국가공동체는 행복을 추구하는 자유로운 존재로서의 개인인 나를 지켜야 할 의무가 있다'는 것은 복지국가의 이념과도 일맥상통한다.

국가는 시민의 행복달성을 위해 자신의 주체적 역할을 인식하고 시민의 삶에 개입하여야 한다. 그 개입은 자유권을 억압하는 것이 아닌, 시민이 행복추구 활동을 자유롭게 할 수 있도록 적극적으로 자유권을 보장하는 역할을 의미한다. 국가가 시민에게 닥칠 불행의 요소들을 제거하거나 혹은 예방하는 '위험의 관리자' 역할을 수행하여 모든 시민이 자유롭게 행복을 달성할 수 있도록 한다.

시민은 위험의 관리자 역할을 국가에게 요구하기 위해 국가의 권위를 인정함과 동시에 권력을 위임한다. 국가는 위임받은 권력을 수단으로 시민에게 닥칠 위험을 막아 준다. 그리고 이를 넘어 시민의 자유로운 삶이 영위될 수 있도록 지원해야 한다. 시민이 권력을 위임했기에 국가는 그 의무를 다해야 한다. 이러한 논리는 이미 우리나라 헌법에 명시되어 있다. 헌법에서는 행복추구권의 법적 성격을 자유권적 기본권으로 규정한다.

기본권의 개념을 살펴보면, 세 가지 핵심 내용이 함의되어 있음을 알 수 있다. 첫째, 기본적인 권리의 내용이다. 둘째, 권리를 가진 주체가 존재한다는 것이다. 마지막으로는, 권리에 대하여 의무를 지닌 주체의 존재가 바로 그것이다. 기본적인 권리의 내용은 시민에 대한 존중과 보호이고, 기본적 권리의 주체는 시민이며 의무를 수행하는 주체는 국가다.

자유권적 기본권으로서의 행복추구권은 국가가 모든 시민의 자유로운 행복추구를 보장할 의무가 있고, 동시에 시민은 국가에게 자유로운 행복추구 활동이 침해받지 않도록 보호해 줄 것을 요구할 권리가 있다. 그리고 이것을 시민권이라고 규정한다. 그렇다면 국가가 누구나 자유롭게 행복을 추구할 수 있도록 지켜야 한다는 것은 어떤 의미일까?

어쩌면, 강제된 불행이 아닐까

지인들이 종종 집안의 애경사哀慶事를 알려오는 경우가 있다. 경사는 축하의 메시지나 전화 인사로 대신하기도 하지만, 애사의 경우는 꼭 찾아가고자 노력한다. 애사는 가족과의 이별이 대다수를 차지한다. 사랑하는 가족과의 이별만큼 큰 슬픔이 없기에 시간을 내어 찾아가 인사하고 애통한 마음을 나누며 위로를 전한다. 기쁨은 나누면 배가 되고, 슬픔은 나누면 반이 된다는 어른들의 말씀이 빈말이 아님을 절실히 깨닫게 된다.

성실한 사회복지사로 살아가고 있는 친구가 있다. 늘 지역사회와 주민들을 위해 실천하는 것이 삶의 소명이라고 하였다. 그런 그가 아버님을 떠나보내게 되었다. 노환으로 투병 생활을 하시다가 병원 중환자실에서 임종을 맞이하셨다. 빈소에 찾아갔고 아버님의 마지막 가시는 길에 대해 듣고 위로하며 이별의 슬픔을 함께 나누었다.

"병환이 깊어지면서 어머니도 그렇고 우리 형제들도 그렇고 어떻게 해야 아버님을 행복하게 해 드리는 것일까 고민을 많이 했습니다. 당신께서는 살아온 세월을 돌아보면 늘 행복했다고 하시면서 이제는 편안히 갈 수 있다 하셨기에 우리 가족들도 마지막 가시는 길에 모두 함께 눈을 맞추고 그렇게 보내드렸습니다."

자신을 낳아 주고 길러 주신 큰 기둥과도 같은 아버지와의 이별은 큰 슬픔이다. 어찌 보면 가족과의 이별은 삶에 있어서 가장 큰 아픔일 수 있다. 그럼에도 그와 그의 형제들은 편안해 보였다. 이유가 무엇일까? 아버지의 마지막 말씀처럼 아버지가 '행복했기' 때문이고 아버지의 마지막 모습에서 그것을 가족들이 확인했기 때문이다.

아버지가 행복한 삶을 살았다고 마지막에 말씀하신 것처럼 친구의 가족들도 앞으로 그런 아버지의 마지막을 기억하며 서로의 행복을 위해 힘차게 살아갈 것이다. '이별'은 시간을 갖고 준비해야 올곧게 맞이할 수 있다. 그런데 어떤 이별은 영문도 모른 채 갑자기 들이닥쳐 나와 가족을 '강제로' 고통과 절망 속으로 몰아넣는다.

'세월호는 승객의 안전을 보장할 수 없었다. 그렇게 위험한 상태를 무시하고 출항했다.'

2014년 여름, 안산의 세월호 합동분향소에서 유가족들을 지원하는 역할을 잠시 수행했고 이후에도 가끔 유가족들과 만남을 갖고는 했다. 10여 년의 시간이 흘렀지만, 그때 그분들의 눈빛은 지금도 잊히지 않는다. 사랑하는 가족을 영문도 모른 채 떠나보내야 했던 그 고통의 깊이를 감히 가늠할 수 없다. 알 수 없는 눈빛 너머로 간간히 '불행' 이상의 절절한 절망을 느낄 수 있을 뿐이었다.

그분들의 삶은 여전히 2014년 4월 16일에 멈춰서 있다. 그날 이후 실종자 가족, 유가족을 포함한 피해자들의 시간은 한 발도 앞으로 나아가지 못하고 있다. 가족을 떠나보내고 남겨진 사람들은 슬픔과 자책감으로 하루하루를 보낸다. 밤늦게까지 사진을 보며 울다가 간신히 잠들고, 그러다가 밤낮이 뒤바뀌는 것이 일상이 되었다. 심한 우울증과 불면증 등으로 수년간 수면제와 안정제에 의존했지만 나아지지 않았다.

시민들 역시 배가 침몰하고 있다는 소식을 접하고 수많은 생명이 희생되는 과정을 목격하며 큰 충격과 슬픔에 빠졌다. 참사의 피해자뿐만 아니라 전 국민이 참사 당일 자신이 어디서 무엇을 하다가 그 소식을 접하게 되었는지 지금까지도 생생하게 기억할 만큼 큰 충격을 받았다. 게다가 사고 원인이 제대로 규명되지도 않고 수습되는 과정에서 받은 상처가 아직까지 아물지 않고 있다.

세월호의 침몰이 거대한 참사가 된 까닭은 안전을 확보하고 생명을 지키는 일을 맡은 사람들이 마땅히 해야 할 일을 하지 않았기 때문이다. 기업과 정부가 제대로 감독하고 지휘하지 않았으며, 심지어 방치해 왔기 때문이다. 구조 요청을 받은 정부는 배의 침몰을 막는 데 실패했고, 생명을 구하는 데 실패했다. 위기에 처한 승객들을 지키고 구하는 데 실패했고 재난 대응을 지휘하여 인명을 구조하는 일에 한없이 무능했다고 《세월호참사 정부보고서》는 기록하였다.

304명 사망이라는 크나큰 피해를 낳은 선박 사고는 더 거대한 사회적 참사로 확대되었다. 생명과 안전의 권리가 존중받는 사회를 만들어 달라는 피해자와 시민 들의 요구가 들끓었다. 공동체의 모습이 완전히 달라져야 한다는 목소리가 여기저기서 빗발쳤다.

사람들은 '이것이 나라인가?'라는 명제를 피켓에 써 들고 국가의 역할과 책임에 대해 따져 물었다. 행복추구에 있어 무엇보다 시민 개개인의 안전이 우선되어야 함을 이야기했다. 그럼에도 우리는 또다시 존엄한 인간으로서 자신의 행복을 추구하기 위해 '그곳'에 있던 시민들의 불행과 절망을 지켜봐야 했다.

시민권과 사회권 그리고 일상의 행복

독일의 사회학자, 울리히 벡_{Ulrich Beck, 1944~2015}의 주장에 따르면, 위험은 자연적으로 발생하기보다 현대 자본주의의 사회구조와 깊은 연관을 맺는다고 한다. 사회가 점점 더 복잡해지고 과학과 기술이 급격하게 발전하지만 반대급부로 과거에는 경험하지 못했던 새로운 위험들이 구조적으로 나타난다. 그렇기에 자본주의 사회의 위험은 상존_{常存}의 당위성과 필연성을 지니고 있으며 사회적이다. 그 위험은 때로 나와 가족의 불행을 강요하기도 한다.

따라서 구조적인 위험 요소의 존재를 제거해 안전을 확보하는 것은 국가의 역할로 귀결될 수밖에 없다. 국가의 역할에 대한 기대는 당연히 공동체의 권리로 인식되며 안전에 대한 국가의 역할과 책임은 행복추구권의 보장으로 연결된다. 개인의 생명·건강 등 행복의 기본적 조건들이 상실되지 않도록, 불행을 강요당하지 않도록, 불행의 원인들이 작동하지 못하도록 국가는 그 역할에 충실해야 한다. 현대사회에서 발생하는 불행의 원인과 요인들은 구조적인데 개인이 각자 대응하기에는 한계가 명백하기 때문이다.

2022년 10월 29일 토요일 저녁, 그들은 일상에서의 행복을 추구하고자 그곳에 있었다. 그러나 그들을 비롯한 그들의 가족, 그리고 우리 모두는 또다시 고통스러운 불행과 마주해야만 했다. 가족을 잃은 절망은 그 어떤 슬픔과도 견줄 수 없다. 이후의 삶 속에서 과연 어떤 것이 그 절망을 없애고 '행복'으로 다가올 수 있을 것인가. 공동체로서 함께 살아가는 동시대 시민들의 고통과 절망을 목격할 수밖에 없었던 동료 시민들의 가슴속에는 어떠한 생각이 들 것인가. 그 시간 내가 있던 자리가 그곳이 아니었을 뿐 누구도 그 불행으로부터 안전하지 않다.

사람들은 누구나 행복하게 살기를 바란다. 행복은 인류 역사에서 보편적으로 추구되어 온 목표다. 현대사회에서 필연적으로 발생하게 되는 사회적 위험으로부터 안전을 보장받아야 하는 것은 사회적 기본권이다. 개인의 행복을 위해 위험이라는 불행으로부터의 보호는 기본적 권리로 보장되어야 한다.

행복추구권을 박탈당하지 않도록 하는 것, 즉 위험에 대한 관리는 헌법상 사회적 기본권 실현을 위한 국가의 역할에 해당된다. 시민의 안전은 사회적 기본권 보장 차원에서 국가가 시민을 보호해야 한다는 당위다. 그래서 사회적 기본권은 시민이면 누구나 갖게 되는 사회권으로 규정될 수밖에 없다.

2022년 10월 29일, 이태원에서 일어난 10·29 참사는 우리 공동체에 또다시 새겨진 지울 수 없는 아픔과 슬픔으로 기억될 것이다. 이런 참사들은 개인적인 차원으로 한탄하며 기억해야 할 것이 아니다. 공동체적 차원에서 결코 잊어서는 안 될, 사회적 기본권이 보장되지 못해 겪어야 했던 아픔으로 기억해야 한다. 그래야 다시 이와 같은 일이 반복되는 일을 막을 수 있는 '국가 만드는 일'에 나설 수 있다.

행복을 위해 엄청나게 노력해야 하는가

- 불현듯 다가오는 불행 -

2014년 송파구에 살았던 세 모녀를 기억하는가?
8년이 지난 2022년에는 수원에서 세 모녀에게 같은 일이 발생했다 …….

"내가 아무리 생각해 봐도 이 병은 낫는다는 보장도 차도도 없을뿐더러, 하루하루 살아있는 것이, 나 자신의 고통도 고통이고 또 없는 살림도 한 푼 한 푼 없는 돈, 통장에까지 자꾸자꾸 손 벌려서 살기도 더 어렵게 만들고 …….. 내가 그냥 여기서 결론 내리기로 했다. 오래도록 엄마 잘 보살피면서 살아가면 아마 떠나서도 마음이 행복하겠지."

'송파 세 모녀 사건'으로 알려진 어느 가족의 비극이 발생하기 10년 전, 아버지는 녹음기에 가족들에게 전하는 말을 남겼다. 그리고 아버지는 입원해 있는 병원 근처에서 스스로 생을 마감한다.

암 수술로 아버지는 더 이상 일을 할 수 없게 되었다. 그의 노동 능력이 상실되자 병원비는 고스란히 남겨진 가족이 지게 되었다. 간간히 수입이 생기면 생계 대신 빚을 갚았지만, 빚은 줄지 않았고 생활은 더 막막해졌다. 이 악순환을 도저히 끊을 수 없었다. 아버지는 이것이 다 자신 때문이라고 했다. 본인의 병 때문에 가족의 생활이 어려워지고 있다는 죄책감으로 그는 극단의 선택을 하게 된 것이다.

개정한 법으로도 막을 수 없는 안타까움

아버지와의 이별로 인해 가난하지만 단란했던 가족의 행복은 불행으로 바뀌어 갔고, 가족의 생계와 병원 빚은 어머니의 몫이 되었다. 엄마와 두 딸은 그래도 살아 보고자 전셋집 보증금을 빼 이사를 했다. 당시 집주인은 이사 가던 가족들의 마지막 모습을 기억한다. 남에게 피해 주지 않으려고 그 어려운 형편에도 공과금 한번 밀린 적이 없었다고 한다.

"개정된 세 모녀 법으로 우리 세 모녀를 구할 수 있습니까?"
"못 구합니다. 그분들은 대상이 안 돼요. 부양 의무자가 같이 생활을 하고 있잖아요. 부양하고 있고 근로 능력이 있기 때문에. '죄송하지만 대상이 안 되시네요.' 이런 말만 반복하는 거예요. 지금도 마찬가지고."

2015년의 시작이 얼마 남지 않은 겨울, SBS 〈그것이 알고 싶다〉 제작팀에서 연락이 왔다. 2월에 발생한 '송파 세 모녀 사건' 관련해서 기획취재를 하고 있다며 이른바 '세 모녀 법'으로 불리고 있는 「기초생활보장법」 개정안에 대해서 자문을 구한다는 것이다. 제작진과 만나 개정된 법에 대해 학계와 시민사회계에서 어떤 비판을 하고 있으며 무엇이 문제인지에 대해 이야기를 나누었다.

2000년에 만들어진 「국민기초생활보장법」은 '전 국민의 최저 생활을 보장한다'는 것을 목표로 설정하고 실행방안 등을 구체화했다는 의의를 지니고 있다. 하지만 곧 한계를 드러내고 말았는데, 그 의의와 한계를 동시에 드러낸 상징적 사건이 바로 2014년 2월의 비극, 송파 세 모녀 사건이다.

이 사건을 계기로 「기초생활보장법」이 개정되고 그해 12월 9일 이른바 '세 모녀 법'이 최종 통과되었다. 그러나 '세 모녀 법'은 막상 세 모녀를 살릴 수 없는 모순과 한계를 극복하지 못한 채 제정된다. 빈곤에 대해 개인과 가족의 책임을 법적·제도적으로 부여하고 있는 부양의무제 때문이었다.

부양의무제는 말 그대로 직계 혈족 및 그 배우자가 가족에 대한 생계와 생활을 책임질 의무가 있다는 것이다. 「기초생활보장법」에서 이 부양의무제를 삭제해야 한다는 학계와 시민사회계의 강력한 비판 여론이 존재했음에도 개정된 「기초생활보장법」('세모녀 법')에 반영되지 않았다.

엄마와 두 딸, 그 가족들은 월세 한번 밀리지 않고 착실히 살았다고 한다. 이웃들은 "엄마는 여인숙에서 식당에서 일해 가며 살기 위해 엄청나게 노력했다"고 덧붙인다. 잠시도 쉬지 않으며 가족의 생계를 책임지기 위해 일을 했다. 예순이 된 엄마는 고혈압과 갑상선질환 등을 비롯해 심한 백내장을 앓고 있었음에도 고된 노동을 멈출 수 없었다.

엄마는 눈 수술을 해야 한다는 의사의 권유에도 20~
30만 원가량 하는 수술비가 없어서 수술을 거부한다. 그
리고 그해 1월 잘 보이지 않는 눈으로 일하러 가다가 골
목길에서 넘어져 팔이 부러지는 부상을 입는다. 35세의
큰딸은 당뇨와 고혈압 등의 질병으로 일을 할 수 없었다.
뿐만 아니라 어머니와 마찬가지로 병원비 부담 때문에 치
료는 엄두도 내지 못하는 상황이었다.

만화가 지망생이던, 32세 둘째 딸은 가족의 생활비와
병원비를 자신의 신용카드로 막아 보지만 결국 신용불량
자가 된다. 변변한 일자리를 구하지 못한 채, 근근히 아르
바이트로 생계비를 보탰다. 엄마와 큰딸은 큰 병을 앓고,
둘째 딸은 직장을 구하기도 힘든 막막함 속에 근근이 생
활을 이어 가던 이들 가족이 선택할 수 있었던 것은 무엇
이었을까?

10년 전, 고통스러운 시간을 스스로 마감하면서 가족
의 행복한 삶을 바라던 아버지의 희생과 유언이 무색하게
도, 남은 가족은 점점 더 강력해지는 절망의 무게에 짓눌
리고 있었다. 이젠 숨을 제대로 쉴 수조차 없어져 버렸다.
그래서 그들도 어쩔 수 없이 아버지의 뒤를 따르게 된 것
인가? 그들은 왜 이렇게 '살기' 위해 '엄청나게' '노력'할 수

밖에 없었을까?

사회권의 수준으로 측정되는 시민의 힘

"한국에서 병에 걸렸다면 벌써 돌아가셨지. 1997년에 심장혈관
우회 수술을 했는데 그때 당시에 한국에서 4천만 원이라고 하더
라고요. 그런데 이 수술에 돈 한 푼도 안 들어갔어요. 자동차 주
차비하고, 간호사들한테 고마우니까 초콜릿 몇 박스 사 준 거 그
것 외에는 돈이 전혀 들지 않았어요."

-EBS 다큐프라임, 〈행복의 조건〉

마흔 넘은 나이에 캐나다로 이민해 연금 가입도 늦고,
세금도 많이 내지 못한 70대 중반의 한국 이민자 부부의
이야기이다. 이 부부는 이민자이지만 캐나다에 살고 있다
는 이유 하나만으로 기본적인 의식주 보장은 물론 높은
수준의 무상의료서비스와 매월 기초노령연금, 소득보조
금이 포함된 최저생활 보장금 등을 지원받는다.

캐나다는 은퇴 이전의 소득 수준과 관계없이, 주 부양
자의 사망으로 갑작스럽게 소득 활동이 끊기더라도 생활

이 어려운 사람들을 다양한 방법으로 국가 차원에서 보호
한다. 이런 종류의 사회정책을 펼쳐야 사회가 안정적으로
유지된다는 정책 기조의 지향은 캐나다 시민들의 동의를
얻어 정부 책임하에 운영되고 있다. 이와 같은 공동체 운
영 철학을 캐나다 헌법에는 다음과 같이 명문화했다.

법적 권리

생활, 자유, 개인의 안전
'모든 사람은 기본적 정의 원칙에 따라 생명, 자유, 안전에 대
한 권리를 가지며 이를 박탈당하지 않을 권리를 가진다.'

평등권

법 앞에 평등, 법에 의한 보호와 혜택
'모든 개인은 법 앞에 평등하다. 인종, 국적, 민족, 피부색, 종
교, 성별, 나이, 정신적 · 신체적 장애 등에 따른 차별 없이 동
등한 법적 보호와 혜택을 받을 권리가 있다.'

캐나다 헌법은 개인의 자유를 바탕으로 모든 개인은 행
복하고 안전한 생활을 영위할 권리를 태어날 때부터 부여
받고 있음을 규정한다. 그리고 이는 법으로 보호해야 하
고 누구나 그 권리에서 소외되거나 차별받지 않을 권리가

있음을 명시적으로 규정한다.

이와 같은 정신은 사회적 권리로서의 사회권Social rights 정신을 의미한다. 사적 자치, 자유, 법적 평등의 질서 위에 세워진 개인주의적 존엄과 자유를 보장하면서도 서로의 사적 자치와 자유, 법적 평등을 지켜 줄 의무가 있다는 연대성의 철학이 공존하고 있는 것이다.

경쟁을 기본으로 하고 있는 시장자본주의 정치경제체제를 운영하는 국가에서는 연대성의 가치를 법과 윤리에 기반하여 타자를 위한 상호호혜적인 책임성의 발현으로 보고 있으며 사회권을 국가의 의무이자 시민의 권리로 본다. 그래서 사회권은 약자에 대한 보호를 주된 목표로 한다.

공동체를 운영하는 다른 규범과 달리 사회권은 사회적 약자를 직접적으로 보호하기 위해 만들어졌다. 국가는 이에 기반해 사회적 약자를 보호하기 위한 법률과 제도를 구축하고 다양한 사회정책을 실행한다. 개인은 자신의 행복한 생존이라는 1차 목적을 염두에 두고 공동체를 구성하는 데 동의한다.

하지만 이와 동시에 타인의 행복달성을 윤리적·규범적으로 개인 자신의 책임과 역할로도 종속하는 데 암묵적으로 동의했다. 이와 같은 공동체적 철학에 기반한 사회권은 사회적 공동생활, 그 누구도 소외되지 않는 행복한 생존을 담보하게 된다. 왜냐하면 개인 그 자신 또한 언제라도 약자가 될 수 있기 때문이다.

국가는 인간으로서의 존엄과 가치에 상응하는 자유롭고 행복한 생존을 보장하고, 불가침의 기본적 인권이 실현될 수 있는 균등한 사회적 조건을 제공해야 한다. 개인과 가족을 보호하고 지원하되 시민권에 기반한 자유로운 행복추구 활동을 보장해야 한다.

생계 유지는 물론, 일상에서의 위험과 고통을 예방하되 혹여 피해를 입으면 그에 상응하는 보상을 받을 수 있도록 제도를 완비해야 한다. 기본적 인권과 행복추구권이 약화되지 않도록 하여, 품위 있는 인간의 삶을 살 수 있도록 하기 위함이다. 이것이 바로 사회권이 지향하는 가치인 사회적 정의Social justice이다.

정의는 축적된 사회적 가치를 어떻게 분배할 것인가를 핵심 논지로 두고 공동체의 규범으로 작동하도록 시스템을 구축하는 것을 의미한다. 그러므로 최상위의 공동체 단위인 국가는 '누가 무엇을, 언제 어떻게 얻는지'Who gets what, when and how에 대한 사회정책의 핵심 논쟁을 기반으로 행복 실현을 위한 틀을 축조하고 사회적 급여를 제공하여

인간의 존엄, 행동의 자유, 행복추구의 자유를 보장해야
한다.

이에 따라 공동체 구성원도 사회적 정의로서의 사회권
을 요구하되, 복합적 평등으로서 행복 실현을 위한 틀과
사회 급여를 요구할 수 있는 권리의 존재가 되는 것이다.

사회적 정의와 공동체의 규범

정의正義를 '개인 간의 올바른 도리'라는 사전적 정의로
본다면, 개인의 가치와 판단에 따라 그 양상이 다를 수 있
다. 그러나 사회적 정의는 다양한 개인의 가치와 판단이
토론과 논쟁이라는 합의의 과정을 거친 집합적 선택이다.
여기서의 중심 가치는 '그 누구도 인간으로서의 본질적 가
치인 행복한 삶福祉에서 소외되지 않아야 한다는 것'이다.

사회적 정의는 시민 차원의 집합적 선택을 의미하기에
권리의 측면으로 규정될 수 있는 자격을 갖는다. 동시에
개인의 가치를 넘어 사회규범에 대한 집단의 선택과 가치
를 담아낸다. 그러므로 사회적 정의는 구성원들 상호 간
의 연대성을 강조한다.

그래서 '현재의 사회적 약자'를 위해 '현재의 성과를 도출한 사람'이 공동체적 가치인 사회적 정의를 위해 연대해야 한다는 원칙이 도출된다. 복지국가는 시장자본주의를 정치경제체제로 운영하고 있어 시장에서의 자유로운 경쟁을 보장하고 있다. 자유로운 경쟁은 개인들 간의 차이를 전제로 하기에 이는 곧 불평등으로 이어지게 된다.

그러나 여기서 간과되지 말아야 하는 것이 시장에서의 자유로운 경쟁 거래 역시 공동체를 기반으로 하여 공동체 내에서 발생하고 이루어져야 한다는 것이다. 공동체의 모든 구성원이 생명·자유·안전이 보장된 노동으로 참여해야 공동체 발전을 위한 건강한 시장경제체제가 유지될 수 있다. 하지만 시장은 제한 없는 자유 경쟁을 통한 무한한 이윤추구를 목적으로 하기에 시장 아래에 공동체를 종속시키려 한다.

마샬T. H. Marshall, 1893~1981은 시장이라는 경제 시스템은 공동체를 위해 존재해야 함에도 그러하지 못하는 경우가 많으므로, 시장자본주의 경제 시스템의 운영을 보완하거나 수정하는 '정치권력의 행사'로서 사회권을 규정하고 이것을 복지자본주의인 복지국가의 사회권으로 규정한다. 공동체를 종속시킨 시장체제에서 발생하는 사회적 불평등을 배제하고 생명과 자유, 안전이 기본적으로 보장된 사회적 평등을 실현하자는 것이다.

사회권은, 시장에서 경쟁을 통해 성과를 얻게 되지만 결과적으로 그 성과는 공동체 구성원으로부터 기인하기 때문에 공동체 구성원과 함께 연대할 의무가 있다는 공동체적인 가정에 근거한다. 시민의 힘은 사회권의 수준으로 측정되는데, 복지국가를 유지하고 존속시키는 정치권력의 핵심인 사회권은 시민의 힘으로부터 나오기 때문이다.

송파 세 모녀 가족의 불행은 아버지의 질병과 그로 인한 노동력 상실로부터 시작했다. 아버지는 중증 질환으로 의료비 부담과 노동 수입의 상실로 인한 2차 위기를 끊어 내고자 스스로 생을 포기한다. 사랑하는 부인과 두 자녀에게 닥친 경제적 빈곤의 책임이 온전히 자신에게 있다고 인식했기 때문이다. 정말 그러한가?

아버지는 행복과 불행의 책임이 개인과 가족에게 귀결된다는 가치규범 때문에 그와 같은 극단적인 판단을 한 것이다. 아버지는 국가에 의해 보호받을 수 있는 자격 기준에서 자신은 제외된다고 생각하였고, 자신이 할 수 있는 선택은 오직 한 가지뿐이라고 판단하였다. 그것이 자신과 가족을 위한 최선의 행동이라고 결정한 것이다. 그러나 그의 판단은 어쩌면 강요된 선택일지도 모른다. 우리 사회의 가치규범에 따라 작동한 법률과 제도에 의해서 말이다.

그리고 10년 후, 남겨진 가족들 역시 이 선택을 강요받게 된다. 법과 제도는 엄마와 큰딸의 질병 및 노동력 상실, 둘째 딸의 생계형 신용불량에 대하여 국가지원 자격 기준에 미치지 못한다고 선을 그었다. 법과 제도는 세 모녀가 결코 사회적 약자가 아니며 스스로 살아갈 수 있다고, 국가의 지원이 없어도 '그 자리에 그대로 있으라'고 규정하고 방치했다.

반면, 매달 꼬박꼬박 통장으로 들어오는 생활비, 정기적 방문을 통해 남편을 목욕시켜 주는 요양보호사, 1년에 45달러한화 약 5만 원만 지불하면 어떤 버스도 자유롭게 탈 수 있는 대중교통체계를 비롯한 공공사회서비스 시스템, 높은 수준의 의료서비스에 대한 무상지원 등, 캐나다 정부가 펼치고 있는 사회정책은 공동체를 바라보는 시민들의 철학이 국가 운영에 어떤 모습으로 구체화되고 실현되는지를 보여 준다.

캐나다 사람들은 사람이 살 수 있도록 집세도 지원하고 먹을 거리도 지원하는 것이 정부의 일이라는 공동체적 가치와 철학에 동의한다. 그리고 이들은 그 가치와 철학을 지켜 나가기 위해 노력한다. 그렇기에 40대에 캐나다로 이민하여 그곳에서 30여 년을 지내 70대 중반이 된 부부의 '지금' 생활은 그곳에서 나고 자란 시민들의 '현재'와 다르지 않다.

사회권 개념을 확립한 마샬은 경제적 복지와 사회보장을 통해 사회적 자산을 공유하고 문명화된 삶을 살 수 있는 권리로서 사회권을 규정한다. 이를 기점으로 하여 행복은 그 자체가 국가의 목표라는 가치에 대한 인식 전환이 일어난다. 마샬의 사회권 개념이 확산되면서 삶의 질과 행복 그리고 복지국가에 대한 관심과 사회적 욕구가 부각되기 시작한다.

현대국가는 사회권 개념을 더욱 발전시켜 국민들의 행복과 삶의 질 제고를 중요 목표로 삼는 것을 점차 강화한다. 행복을 위한 핵심 요소로서 소득, 건강, 일(노동) 등이 복합적으로 영향을 준다는 것이 관련 연구에서 속속 밝혀지고 있으며 이 요소들은 사회정책과 깊은 관계를 맺는다. 국가 수준의 정책, 구조적 요인 들이 개인과 가족의 행복에 영향을 미친다는 것에 이견이 없다.

그래서 사회권을 강화하는 현대국가는 복지福祉, 행복한 삶국가를 지향한다. 복지국가는 위험 관리자로서 개인에게 닥친 질병, 노동력과 소득의 상실 등 사회적 위험을 관리한다. 복지국가는 공동체 안에 살고 있는 개인 간 재분배를 통해 공동체의 경제성장이 모두의 소득으로 이어지도록 하는 도구적 역할뿐만 아니라 불평등을 감소시키는 기능을 수행함으로써 개인과 가족의 행복이 달성되는 효과를 거두려고 한다.

사회권과 복지국가

국내총생산GDP: Gross Domestic Product이나 국민총생산GNP: Gross National Product 등의 지표는 국가의 행복을 측정하기 위한 도구로 사용되기도 한다. 한국과 캐나다를 절대적으로 비교하는 것은 한계가 있지만, 경제 규모와 상황을 고려하여 동일한 경제 수준을 거쳤던 시기를 상대적으로 비교해 보는 것은, 사회정책의 발전과 공동체성의 성장을 가늠해 볼 수 있어 중요한 지점이라 할 수 있다.

2014년도 한국의 1인당 GDP는 2만 9천 249달러에 이르렀다. 1997년 캐나다의 1인당 GDP는 2만 1천 901달러로 시간적 차이가 있지만 양국의 경제 규모는 비슷한 수준이었다. 송파 세 모녀 사건이 발생했던 2014년도 한국의 경제력 수준은 이민자 부부가 국가로부터 심장 수술 서비스를 제공받았던 1997년 캐나다의 경제력 수준과 큰 차이가 나지 않는다.

동일한 시간과 객관적 기준으로 보아도, 사건이 일어난 2014년도의 캐나다와 한국의 경제력 수준은 각각 11위와 13위다. 두 나라의 경제력은 큰 격차라고 할 만큼의 수준이 아님을 알 수 있다. 비슷한 경제력을 지닌 두 국가 사이에는 무엇이 존재할까?

확실한 것은 두 나라 사이의 경제적 상황으로 송파 세 모녀 사건을 설명하는 것에는 무리가 따른다는 것이다. 핵심은 국가의 경제 수준이 아니다. 오히려 경제적 불평등이 국민의 행복달성에 영향을 미친다는 주장이 지닌 설득력에 주목해야 한다.

공동체가 추구하는 사회적 가치규범과 사회적 권리에 의거해서 사람들이 어떻게 평등과 불평등을 인식하고 있으며 이에 따라 어떠한 수준으로 합의하고 있는가를 더 중요하게 바라보아야 한다.

복지국가는 개인과 가족이 처한 빈곤, 질병, 교육, 취업 등의 과정에서 발생하는 어려움을 사회적 위험으로 규정짓는다. 그래서 복지국가는 이와 같은 요인들이 경제적 고통과 불평등, 사회적 소외 등으로 이어지지 않도록 공동체가 함께 대응한다. 그렇다면 이들은 왜 함께 대처하는가? 정치철학자이자 공동체주의 학자인 마이클 왈저 Michael Walzer, 1935~는 그 이유에 대해 공동체 구성원들이 상호 간에 신세를 지고 있기 때문이라고 말한다.

공동체 구성원들이 상호 간에 신세를 지는 1차적 이유는 안전과 사회보장 때문이다. 사회권의 가치를 시민 모두가 알게 될수록 그 가치에 기반해 서로에 대해 얼마나 신세지고 있는가를 확신하게 된다. 여기에서 바로 연대성이 발휘된다.

공동체는 서로의 안전과 사회보장을 통해 행복을 위한 기본 바탕을 마련한다. 그래서 우리의 공동체는 세렝게티 탄자니아의 국립공원 초원의 가젤양양의 일종들이 오직 생존만을 위해 결성한 집합체 이상의 의미를 지니게 된다. 이런 논의를 역으로 생각해 보면, 안전과 사회보장은 공동체를 구성하는 필요조건임을 증명하고 있다.

뿐만 아니라, 고용, 건강, 평등의 보장 등과 관련된 요인들이 행복에 미치는 영향 역시 매우 크다. 이것은 복지

국가를 연구하는 대부분의 학자들이 동의하는 바다. 이들
은 그중에서도 스스로 선택하는 삶에 대한 자유가 행복의
가장 핵심적 요인임을 밝히고 있다.

스스로 선택할 수 있는 삶을 살기 위해서는 기본적인
의식주가 해결되어야 한다. 건강을 유지하며 인간으로서
의 품격을 지킬 수 있는 여유로움을 누릴 수 있는 환경도
중요한 사회적 요소이자 여건이다. 이러한 사회적 조건들
은 누구도 소외되지 않는 행복추구를 위해서 공동체적 관
점에 따라 판단되어야 하며, 정부의 정책적 실행으로 이
끌어 내야 한다. 이것이 바로 복지국가의 사회적 기본권
이다.

사회적 기본권, 즉 사회권은 결코 '자연적인 형식'을 취
하지 않아야 한다. 공동체적이되 인위적이어야 하고 정치
적이어야 한다. 공동체 구성원들이 절대적으로 필요한 사
회권의 가치를 인식하게 되면 그 가치가 어떻게 실현되어
야 하는지 판단할 수 있게 된다. 그리고 자신의 공동체에
정치적으로 그것을 요구하게 된다.

공동체에서의 사회권은 개인적인 자질에 따라 분배되
는 것이 아닌 각자의 필요에 따라 분배되어야 한다. 이때
의 필요는 단순히 배고픔과 같은 물리적인 현상을 뛰어넘

는 공동체적 가치에 기반해야 한다. 공동체적 가치는 '누구나 배고플 수 있기에 누구나 배고프지 않아야 한다는 정당함'이다. 왈저는 《탈무드》의 교훈을 통해 사회권의 의미를 이렇게 제시한다.

이것은 사회권에 내재된 규범적·윤리적·사회적 가치이자 논리이다. 그러므로 공동체 구성원들이 필요로 하는 것이 있다면 공동체가 주체적으로 분배해야 한다. 공동체 구성원들에게 분배되는 자원은 반드시 현재를 기준으로 축적한 공동체의 부와 사회적 가치여야 한다. 특정할 수 없는 미래에 혹은 누군가의 잉여로 충당해 분배 문제를 해결하려는 것은 사회적인 것이 아니다.

누군가 '복지는 누군가의 잉여물을 활용하는 것'이라 하지만 그것은 자선을 베푸는 개인의 친절일 뿐이다. 그 '복지'의 이면에는 불평등과 소외가 내재되어 있다는 것을 다시 언급할 필요는 없을 듯하다. 복지는 개인이 아니라 사회 공동체 안에서 이룰 수 있다. 사회권은 공동체의 구성원으로서 시민들이 정당하게 요구할 수 있는 '일반적 권리'여야 한다.

어떤 공동체가 구성원들이 굶어죽도록 방치한다면, 그 공동체는 스스로 공동체의, 공동체에 의한, 공동체를 위한 정부라고 주장할 수 없다. 18세기 영국의 정치철학자 에드먼드 버크Edmund Burke, 1729~1797의 말처럼 정부는 인간의 필요들을 제공하기 위한 인간 지혜의 산물이다. 인간은 바로 이 지혜를 통해 자신들의 필요를 제공받을 권리가 있다. 복지국가의 정부에게 이 필요를 요구하는 시민의 권리는 정당하다.

행복한지 아닌지 어떻게 아는가

- 행복의 조건과 행복함수 -

"소비가 인간의 욕망을 얼마나 뒷받침 할 수 있는가"로
행복을 측정할 수 있다고 폴 사무엘슨은 말했다.

휴일이면 TV 프로그램 〈나는 자연인이다〉(MBN, 2012~)를
즐겨 본다. 속세를 떠난 수도자의 모습은 아니지만, 그들
은 자연에 살면서 수도자와 같은 삶을 살아가면서 현재의
삶에 만족해한다. 복잡한 도시 생활을 벗어나 자신만의
삶을 영위하며 자급자족을 추구하는 그들은 자연인으로
서의 생활이 정말 행복하다고 한다.

그렇다면 '도시인'의 삶은 불행한가? 우리 주변의 평범
한 사람들은 '자연인'을 보면서 오히려 '전기도 들어오지

않는 저런 오지에서 생활하면 불편할 텐데 어찌 저렇게 살 수 있을까, 2박 3일 정도의 캠핑이라면 모를까 ……'라고 놀라워한다. 도시의 편리함을 일상으로 여기면서 소소한 행복을 느끼는 사람이 자연인보다 훨씬 더 많이 존재한다.

도시에 살면서 사람들은 여러 방법으로 행복을 찾는다. 스포츠 센터, 여가 시설, 쇼핑몰 등 다양한 복합시설을 이용하면서 만끽하는 생활의 편리함, 퇴근 후 동료들과 함께 찾아가는 맛집에서 느끼는 생활의 여유로움, 그리고 사람들과의 관계 속에서 느끼는 삶의 작은 기쁨 등이 행복을 느끼게 하는 요인이다.

변함없는 행복의 조건과 변하는 행복의 조건

자연인이건 도시인이건 모두 중요하게 여기는 행복의 조건이 있다. 바로 건강이다. 뒤도 돌아보지 않고 바쁘게 생활하다 어느 날 우연히 건강검진을 받았는데 건강에 문제가 생겼다는 결과에 충격을 받고 생활 습관을 바꾸고는 한다. 어떤 이는 모든 것을 놓아 버리고 자연에 들어가

'자연인'이 되고, 어떤 이는 스포츠센터에서 꾸준한 운동을 통해 건강을 되찾는다. 건강이 행복의 중요한 조건 중 하나이기 때문이다.

늘 붙어 다녔던 고등학교 친구 다섯이 있다. 어느 때부터인지 모임에 나가면 상심에 빠져 있는 한 친구의 모습을 목격하곤 했다. 무엇 때문에 그러느냐고 물었더니 그 친구가 답하기를 '결혼을 못할까 봐 ……'라고 한다. 결혼을 못하고 있는 자신의 삶이 너무 불행하다며, 결혼이 삶의 목표라고 상심에 가득 찬 얼굴로 터놓던 친구의 모습이 지금도 선하다. 그런 친구가 드디어 결혼을 하게 되었고 결혼식 날 매우 행복해했다.

어찌나 싱글벙글하던지 입이 귀에 걸린 그를 보면서 친구들이 한동안 놀리기도 했다. 그토록 바라던 결혼을 했으니 더 이상 소원이 없다던 친구는 1년 만에 경제적 여유를 행복의 조건으로 재설정했다. 잘나가는 요리사로 나름 여유롭다고 자신하던 친구였는데 말이다. 이유는 쌍둥이를 낳았기 때문이다. 두 아이를 잘 키워야 한다는 책임감과 아이들이 자라는 모습을 바라보는 뿌듯함을 지키기 위해 행복의 조건을 경제적 여유로움으로 바꾼 것이다.

건강과 경제적 여유는 모든 이들의 공통된 행복의 조건

이라 할 수 있다. 이처럼 공통적인 행복의 조건이 있는가 하면, 자연에서의 삶과 도시에서의 삶처럼 공통적이지 않은 행복의 조건도 있다. 그렇지만 그것은 모두 행복달성이라는 동일한 목표를 향하고 있다. 여기서 다시 한 번 되짚어 보고 싶은 질문이 하나 있다. 불행이 삶의 목표인 사람이 있을까? 어느 누구도 인생의 목표를 불행으로 설정한 사람은 없다.

인간은 각자 생각하는 행복의 조건을 설정하고 행복을, 달성하기 위해 살아간다. 1천 년 전의 인간이나 1천 년 후의 인간이나 삶의 목표는 행복이다. 인간의 역사가 시작된 이래 바뀌지 않는 인간의 목표는 행복이다. 누구나 행복한 삶을 추구하고 행복하기 위해 노력한다. 그럼 과연 행복은 무엇인가? 행복을 추구하지만 각자가 생각하는 행복의 조건이 다르기에 행복의 모양과 내용이 천차만별일 수 있다. 그래서 많은 학자들은 행복이 무엇인지 정의를 내리고자 하였다.

고대 그리스의 철학자 에피쿠로스Epicurus, 기원전 341~271는 행복에 대해 '아타락시아ataraxia', 즉 행복은 고통이 없는 상태라고 정의했다. 고통이 없는 상태란, 방탕자의 쾌락이 아니라 정신적·육체적 고통으로부터의 해방된 상태를 말한다. 사회에서의 경쟁과 인간관계 속의 암투를 피하고 '마음이 동요되지 않는 평온한 상태'로, 수도자적인 삶을 살아가도록 하되, 공동체를 떠나서가 아니라 그 속에서 은거하라고 가르쳤다.

19세기 독일의 철학자 쇼펜하우어Arthur Schopenhauer, 1788~1860도 행복을 고통 없이 사는 것이라고 정의했다. 그는 역설적이게도 행복은 인간이 만들어 낸 일종의 환상이라고 생각했다. 인간은 존재하지 않는 신기루 같은 행복에 도달하고자 하는 욕망을 충족시키기 위해 끝없이 노력하지만, 결국에는 만족스러운 행복의 상태에 이르지 못해 고통에 빠진다는 것이다. 그래서 고통 없는 상태, 고통에서 최대한 멀어진 상태에 도달하기 위해 노력할 때, 행복에 도달할 수 있다고 주장한다.

월든Walden이라는 숲에서 은거하며 동명의 저서를 쓰고, 철저하게 금욕적인 삶을 살았던 19세기 미국의 자연주의 철학자 헨리 데이비드 소로Hennry David Thoreau, 1817~1862도 욕망을 버리고 자연에 머물 때 고통 없이 평화로운 삶을 유지할 수 있다고 했다. 법정法頂, 1932~2010 스님 역시 강원도 깊은 산골의 한 초막에서 수도자의 삶을 사는 것이 행복 그 자체라고 했던 것을 보면 동서양을 막론하고 거대한 자연에서의 무소유한 삶이 행복 그 자체인 것처럼 보인다.

　고통과 불행을 피하는 것으로 평온한 삶을 유지하여 행복할 수 있다면, 그것은 종교적·인식론적 방법으로 가능하다. 에피쿠로스의 수도자적인 삶, 쇼펜하우어의 '역설적' 행복을 위한 삶, 법정 스님이나 소로가 지향했던 '무욕'의 태도는 종교적인 삶의 방법과 무관하지 않다. 그러나 이들이 공통으로 의도한 것은 세속에 살면서도 금욕적인 삶을 살아가면 행복할 수 있다는 것이다.

　하지만 이 방법이 과연 얼마나 많은 사람들을 설득시킬 수 있을지에 대해서는 부정적이다. 게다가 보통 사람들에게 이 방법은 현실적으로 가능해 보이지 않는다. 이 가치체계에서 간과하지 말아야 할 것은 무욕이라는 종교적 실천 방법으로 행복을 추구하는 공동체에서조차도, 예를 들어 수도원이나 사찰 등에서도 의식주 및 질병 치료 등 생존과 직결된 기본적인 삶의 조건들이 충족되어야 한다는 점이다.

　행복하기 위해 고통과 불행을 줄이는 두 번째 방법은 사회적·공동체적 삶과 연결된다. 행복달성을 위한 '작동원리'가 공동체 내에 존재하는데, 그것이 바로 사회정책이다. 따라서 공동체의 운영 원리인 사회정책이 행복달성을

위한 작동 원리가 된다. 네덜란드의 사회학자 루트 벤호

벤Ruut Veenhoven, 1942~은 사회정책의 목표로 행복에 어떻게

접근할 것인가를 연구한 세계적 권위자이다. 그에 따르

면, 행복은 '현재 자신의 삶에 대해 양적으로 혹은 질적으

로 얼마나 만족하고 있는가'로 정의될 수 있다.

　인류의 역사가 시작되고부터 수많은 철학자들과 학자

들이 행복에 대해 정의하고 무엇을 행복으로 볼 것인지에

대해 제시하였다. 그러나 무엇보다 중요한 것은 '얼마나

행복한가'이다. 현재 나의 삶은 행복한가 아니면 불행한

가, 행복하다면 과연 얼마나 행복한지, 행복하지 않다면

무엇 때문에 행복에 도달하지 못하고 있는지 어떻게 알

수 있는가? 이에 대한 앎은 왜 중요한가?

　자신의 삶에 대해 얼마나 만족하고 있는지 스스로 평가

해 행복 여부를 가릴 수 있다는 이른바 '행복 평가'에서 중

요한 논쟁 지점은 '어떻게 평가하는가'이다. 심리적 안녕

에 초점을 맞추어 주관적이고 정서적인 만족 수준으로 감

정할 것인가? 아니면 혈압 측정처럼 객관적인 수치를 기

준으로 삼아 신체적 안녕에 대한 외적인 평가를 할 것인

가? 이에 대한 논쟁은 지금까지도 뜨겁게 지속되고 있다.

행복에도 함수있다

벤호벤을 비롯해 사회정책을 연구하는 학자들은 이러한 논쟁들에서 제시되는 주관적·객관적 수치, 신체적·심리적 안녕 등을 고려하여 세계행복지표WDH: World Database of Happiness, 지구촌 행복함수HPI: Happy Planet Index, 경제협력개발기구Organisation for Economic Co-operation and Development의 더 나은 삶 지수BLI: Better Life Initiative 등과 같은 과학적 측정지표를 만들어 현재의 행복 수준을 측정하고자 꾸준한 노력을 기울이고 있다.

세계행복지표는 유엔 산하 지속가능발전해법네트워크Sustainable Development Solutions Network에서 매년 발표하는 수치인데, 각 나라의 구매력 기준 국내총생산, 기대수명, 사회적 지지 등의 총 6가지 영역을 정량화하여 분석 평가한다. 지구촌 행복함수는 영국의 신경제재단이 2006년 7월에 도입한 지수로 사람들의 행복과 참살이 지수로서 삶의 행복지표, 환경오염지표, 기대지수 등을 반영하고 있다. 경제협력개발기구의 '더 나은 삶 지수'는 단순 소득 비교를 넘어 해당 국가의 국민들이 영위하는 삶이 얼마나 나아졌는지 또 악화됐는지를 주관적인 측면뿐만 아니라 객관적으로도 평가한다.

주류 경제학의 자본과 시장 중심의 이윤 추구 극대화 경향을 비판하며 복지자본주의 경제 이론의 토대를 마련한 잉글랜드의 경제학자 존 케인스The Lord Keynes, 1883~1946의 뒤를 이어 그의 정치경제학을 발전시킨 학파가 있다. 케인지언이라고 부르는 경제학자 그룹Keynesian Economics으로, 그 일원 중 사회정책을 공부하는 연구자들 사이에서 존경받는 인물로 폴 새뮤얼슨Paul Anthony Samuelson, 1915~2009이 있다.

새뮤얼슨은 행복을 객관적으로 규정할 수 있는 행복함수를 제시하여 많은 이들의 호평을 받았다. 노벨경제학 수상자이자 현대 경제학의 아버지로 평가받고 있는 새뮤얼슨은 신자유주의 경제 흐름에 대한 비판을 지속적으로 해 왔으며 행복을 위한 정부의 역할 강화에 대해 강조하였다. 신자유주의란 국가 개입을 최소화해 시장의 활성화로 경제 부흥을 일으켜야 한다는 이념이다.

많은 학자와 연구자 들에게 존경 받는 인물로 기억되는 폴 새뮤얼슨에게는 많은 제자들이 있으며 제자들 역시 스승의 발걸음을 따라 신자유주의적 경제 흐름에 비판을 가했음은 물론, 이들 중 몇몇은 연구 업적을 인정받아 노벨

경제학상을 수상하였다. 대표적으로 불평등의 심화 문제, 북유럽의 국가 모델 등에 대한 연구로 노벨경제학상을 수상한 조지프 스티글리츠Joseph Eugene Stiglitz, 1943~가 있다.

한편, 민영화와 사회양극화를 강하게 비판하고 있는 폴 크루그먼Paul Robin Krugman, 1953~ 역시 새뮤얼슨의 제자로 2008년 노벨경제학상을 수상하였다. 크루그먼은 2018년 한국 전국경제인연합회(전경련)의 초청을 받아 '양극화, 빈곤의 덫 해법을 찾아서'라는 주제로 강연을 한 바 있는데 당시 전경련 부회장이 크루그먼에게 "정부가 노동자들의 근무시간을 일률적으로 주당 52시간으로 단축했다"고 하자, "52시간이라고요? 한국은 선진국인데 여전히 그렇게 많이 일하다니요?"라며 반문했던 일화는 매우 유명하다.

그렇다면 폴 새뮤얼슨이 제시한, 행복을 측정할 수 있다는 객관적 함수는 과연 무엇일까? 폴 새뮤얼슨이 제시한 행복을 계산하는 공식은 다음과 같다. 현재의 행복 수준은 일상에서의 소비를 통해 개인이 지니고 있는 다양한 욕망이 얼마나 충족되었는지를 통해 측정할 수 있다. 이를 위해서는 다음과 같은 조건들이 전제되어야 한다.

첫째, 인간은 욕망하는 존재이다.

둘째, 욕망은 소비 활동을 통해 충족된다.

셋째, 욕망에 소비 활동이 적절히 대응되면 행복지수는 '1'이 된다.

$$H_{행복(happiness)} = \frac{C_{소비(consumption)}}{D_{욕망(desire)}} = 1$$

행복달성은 공동체의 책임

인간은 욕망하는 존재이다. 욕망은 인간의 삶을 유지시키는 역동적인 내적 기제로 삶의 본질 그 자체라 해도 과언이 아니다. 원시의 인간은 수렵과 채집에 기반한 생존 본능의 충족만을 기본으로 지니고 있었다. 이후 동물적 생존 본능과 구분되기 시작한 인간의 생존 욕망은 위험이 가득한 외부세계로부터 나와 가족을 보호하고자 안정적인 정주定住 생활을 추구하게 된다.

인간은 자연에서 일어나는 위협으로부터 나와 가족을

격리할 수 있는 안정된 공간을 찾는다. 독립적이고 안락한 공간을 확보하게 된 인간은 공간에서의 편안함을 추구하게 되면서 정주가 인간의 기본적 욕망으로 자리 잡게 된다. 정주 욕망이 달성되자 이제 인간의 욕망은 동물이 지닌 생존본능을 넘어선다.

동물과는 다른 인간으로서의 본질, 인간이라는 정체성을 찾아가도록 인간을 점차 진화시킨다. 다양한 욕망의 리스트를 업데이트하고 그에 걸맞은 소비 활동으로 삶의 만족을 찾고 행복감을 느낀다. 욕망이 충족되는 순간 인간은 비로소 행복하다고 느낀다. '이게 사는 맛이지' 하며.

만약 인간의 생존 욕망 이후의 다양한 욕망이 사라진다면, 인간은 인간으로서의 본질 자체가 소멸한다. 살아가는 것, 살고자 하는 것, 바로 그 자체가 인간의 욕망이며 이것이 인간의 본질이기 때문이다. 인간은 자신이 일상에서 마주하는 모든 현상과 상황에 대해 최상의 상태 혹은 적절한 수준을 설정한다.

그리고 목표한 수준까지 도달하게 되면 자신의 욕망이 충족되었음을 평가하게 되고 삶의 만족감으로서의 행복을 느끼게 된다. 하지만 목표 수준에 도달하지 못하였다

고 평가하면 욕망이 달성되지 못하였다는 실망감으로 수
준 낮은 행복감 혹은 욕망 충족을 희망할 수 없다는 절망
감으로 불행하다고 느끼게 된다.

살아있는 모든 생명체는 자기 보존, 자기 보호에 대한
기제가 본능적으로 존재한다. 이를 위해서는 기본적으로
생존이 전제되어야 하고, 생명체 군집의 안전이 보장되어
야 한다. 그런데 인간은 이보다 더 진화한 정치적 동물이
다. 생존과 의식주 보장에 대한 좀 더 효율적인 작동 방법
을 찾는다. 자연이 야기하는 위험에 집단적인 대비 전략으
로 마을, 지역사회, 도시, 국가와 같은 공동체를 구성하는
것이 대표적인 예이다. 공동체를 구성하여 함께 욕망을
충족시키는 것이 훨씬 더 능률적이기 때문이다.

인간은 이제 자신의 기본적 생존 유지를 넘어 자신과
가족의 행복을 추구한다. 동물의 생존본능과는 층위가 다
른 욕망이 존재함을 의미한다. 인간은 공동체 구성원과
상호관계를 맺고 감정적 교류를 하며 소속된 공동체의 구
성원으로서 다른 구성원과의 행복한 생존을 도모하고 공
동체의 지속가능성을 추구한다. 여기에 동물의 군집체와
인간의 공동체 사이에는 커다란 간극이 생기는데, 그것은
바로 공동체의 최고 목표의 유무다.

인간은 스스로 삶의 목표를 정하여 자아가 실현되는 더 큰 욕망을 목표로 행복을 추구하게 된다. 그리고 이런 모든 활동은 공동체 내에서 소비 활동으로 이루어진다. 피곤한 몸을 누이고 잠을 자는 것, 아침에 일어나 물을 마시는 것, 삼시 세끼 식사를 하는 것, 산책을 하거나 여행을 가는 것, 학교에 가서 공부를 하는 것, 자아성장을 위해 노력하는 것 등 이 모든 것이 소비 활동이다. 소비 활동은 욕망을 충족해서 행복을 달성하기 위한 행위다.

뿐만 아니라, 나의 노동력을 제공하여 타인이 편하게 잠을 잘 수 있도록, 아침에 일어나 물을 마실 수 있도록, 식사를 할 수 있도록, 산책을 하거나 여행을 갈 수 있도록, 학교에서 공부할 수 있도록, 자아성장을 할 수 있도록 생산이나 서비스 활동을 매개로 공동체 구성원의 행복달성에도 참여한다. 이처럼 욕망에 대응되는 생산과 소비 활동이 적절하게 일어나도록 하여 공동체 구성원들의 행복함수가 1 이하로 떨어지지 않도록 해야 하는 일이 공동체의 역할이다.

'행복함수 = 1'의 의미

그렇다면 '행복함수 1'이란 무엇인가? 이를 알아보기 위해 먼저 행복달성을 위한 욕망 충족에 대한 접근 방법 두 가지를 살펴보아야 한다. 첫 번째 접근은, 앞에서 이미 살펴본 것처럼, 욕망을 줄이는 것이다. 종교적인 태도로서 금욕적인 생활, 무소유적인 삶을 살아가기 위해 욕망의 종류를 줄이거나 욕망의 수준을 감소시키는 것이다. 이는 결국 욕망에 대응되는 소비 활동을 감소시키는 효과를 냄으로써 행복함수 1이 유지될 수 있다.

그러나 욕망은 인간의 본질이며 삶의 에너지이자 원동력이다. 종교적 의미에서의 금욕적이고, 무소유적인 삶의 태도를 최선의 방법으로 여기고 실천해야 행복에 도달할 수 있다는 주장은 금욕적인 삶의 추구 자체가 매우 큰 욕망으로 볼 수 있을 뿐만 아니라, 보통의 사람들에게는 설득력이 떨어진다.

행복달성을 위한 욕망 충족의 두 번째 접근 방법은, '공동체 내에서 개인의 욕망 수준과 그에 대응하는 소비 활동이 적절히 이루어질 수 있도록 소비 능력이 유지되고 있는가'를 살펴보는 것이나. 개인의 욕망 수준을 낮추는 것이 아니라, 공동체로부터 소비 활동을 할 수 있는 기회를 적절히 제공받고 있는가에 초점을 맞추는 것이다.

핵심은 행복달성을 위한 욕망과 소비가 모두 공동체 내에서 공적으로 이루어진다는 것에 있다. 욕망하는 존재로서의 인간이 기본적인 의식주를 비롯하여 질병으로부터의 보호, 자연적이고 사회적인 위협으로부터의 안전 등을 공동체 내에서 보장받아 '행복함수＝1'을 달성하는 것은 욕망하는 존재로서, 본질적 인간으로서의 품위를 유지하는 방법이다.

이미 오래전 아리스토텔레스Aristotle, 기원전 384~322는, 국가 공동체의 목표를 행복으로 보았다. 모든 국가 공동체는 선한 목적을 이루기 위해 형성되는데, 그것은 사람들의 행위가 공동체를 위해 좋은 결과 즉, 모두의 행복이라는 선에서 비롯되기 때문이라고 하였다. 정치적 공동체인 국가는 최상의 공동체로서, 행복이라는 좋은 목적을 추구해야 한다고 말했다. 대한민국 헌법 제2장 제10조의 행복추구권은 아리스토텔레스의 최초 언급 이후 2천 5백 년이 흐른 현재에도, 공동체의 목표가 인간의 행복이라는 것을 증명하고 있는 것처럼 보인다.

"손님 각자가 가지고 온 음식이 한 사람이 만든 요리보다 더 다양한 맛을 내는 것처럼, 많은 사람이 함께 내리는 판단이 훨씬 더 뛰어나다. 국가가 필요한 이유도 이와 같다. 각기 다른 능력을 가진 국가 구성원들이 서로 보완적인 역할을 함으로써 더 행복한 삶을 이룰 수 있다."

– 아리스토텔레스, 《정치학》

얼마나 행복한지 어떻게 알 수 있는가

- 관점에 따라 달라지는 행복 계산법 -

국가의 역할은 시민의 행복을 위한 매개자이다.
이것을 만약 시민이 알지 못한다면,
이때의 국가는 사상누각과 같다고 헤겔은 주장한다.

학부를 졸업하고 사명감 충만한 신입 사회복지사로 사회복지 실천현장에서 열심히 일했다. 열정 넘치는 사회복지사로서 가족복지팀, 지역복지팀, 재가복지팀을 두루 거치며 다양한 직무를 수행했던 그때의 경험들은, 대학에서 교육과 연구의 길을 걸어가는 지금도 힘차게 나아갈 수 있도록 하는 에너지원이 되고 있다.

현장을 떠난 지 오래되었지만 여전히 어제의 일처럼 또렷한 기억으로 남아 있는, 어떤 하루의 시작이 종종 떠오르곤 한다. 출근 도장을 찍고 제일 먼저, 두 계단씩 성큼 성큼 걸어 이미 바쁜 일과가 시작된 2층 식당으로 올라간다. 새벽같이 출근한 2명의 조리사 선생님 그리고 여러 명의 자원봉사 선생님들이 일사분란하게 경로식당 오픈과 재가 어르신 도시락 배달을 준비하고 있다. 경로식당은 11시 오픈, 도시락은 11시까지 배달 완료를 목표로 눈코 뜰 새 없이 손발을 맞추어 간다.

밥과 물리적 행복함수

주방에서 도시락 배달을 위한 밥과 반찬이 완성되는 동안 식당 홀에서는 도시락 통과 배달 가방이 가지런히 열과 오를 맞추어 나간다. 김이 모락모락 나는 흰쌀밥과 맛있어 보이는 반찬들이 주방에서 나오면 2인 1조로 도시락 통에 밥과 반찬을 담고 보온가방에 넣어 구역별 숫자를 맞추어 놓는다.

준비된 도시락을 배달팀들이 들고 나가면 주방에서는 다시금 본격적으로 경로식당 오픈 준비에 들어간다. 경로식당 앞 복도에서 식당 오픈을 기다리던 어르신들도 도시락 배달팀들이 하나둘 출동하고 홀이 정리되면 삼삼오오 들어와 앉으며 인사를 나누신다.

경로식당 어르신들이든 도시락을 받는 어르신들이든 그분들의 식사는 늘 두 끼이다. 복지관에 오시는 분들은 대부분 아침 식사를 하지 않기 때문이고, 거동이 불편해 복지관 경로식당에 못 오시는 재가대상 어르신들은 복지관에서 전해 드리는 도시락으로 하루의 식사를 모두 해결하는 경우가 대부분이기 때문이다.

$$\text{행복} = \frac{\text{소비}}{\text{욕망}} = \frac{\text{소비}_1 \text{(식생활)}}{\text{(음식 섭취) 욕망}_1} + \frac{\text{2끼 해결}}{\text{3끼 식사}} = 0.666$$

하루 세끼 균형 잡힌 식사 활동은 인간의 기본권인 생존 보장을 위한 바로미터이다. 아울러 신선하고 영양가 있는 좋은 음식물의 섭취는 삶의 질에 영향을 미치는 핵심 요인이라는 인식이 사회적 가치체계로 구축되어 있다. 그

럼에도 불구하고 '음식 결핍'에 의한 '행복함수＝1 미충족'
이라는 사회적 위험은 여전히 발생한다.

어르신들은, 복지관이 아니면 그나마 두 끼 식사도 어
렵다. "늙은 우리들을 늘 챙겨 줘서 고맙다"라고 말씀하시
지만, 이미 여기서부터 그분들의 물리적 행복함수는 1 이
하로 떨어져 있다.

2017년 잡코리아의 조사에 의하면 취업을 준비하는 청
년 중 80퍼센트 이상이 하루 한 끼 이상 굶는다. 그나마
챙겨 먹는 식사도 편의점에서 '원 플러스 원' 삼각 김밥으
로 해결하는 경우가 비일비재하다. 맛과 영양을 섭취한다
기보다는 오로지 배고픔만 해결하는 것이다.

일상의 생활이 늘 이렇다 보니 자신을 둘러싼 사회적
관계와 인간적 교류를 돌아볼 여유가 없다. 2019년 국가
인권위원회의 조사에 따르면 절반 가까운 청년이 경제적
빈곤으로 식사를 거르거나 줄이는 것은 물론, 60퍼센트
이상의 청년이 돈 때문에 사람을 만나는 것 자체를 꺼린
다고 한다. 배고픔의 경험이 신체적 건강의 약화뿐만 아
니라, 정신적 건강과 삶의 질에 직접적인 영향을 미치고
있는 것이다. 굶주림은 단순히 한 끼 식사를 거르는 차원
의 문제가 아니다.

'지속적 끼니 거름'은 영양결핍의 심화를 초래함은 물론, 스트레스의 요인으로 작용하게 되고 우울의 발생 가능성을 높이게 된다. 생존 욕망을 충족시키지 못한 식생활 소비 활동의 반복적 결핍은 전반적인 삶의 수준을 부정적으로 변화시킨다. 경제적 어려움이 일상의 고통과 불행을 점점 증가시키고, 신체적·정신적 위험 상황에 지속적으로 노출된 개인들은 결국 극단적 선택으로 내몰리게 된다.

'밥을 먹기 위해 밥을 굶어야 하는' 아이러니한 사회적 환경은 청년 세대만의 절망이 아니다. 2021년 유엔무역개발회의United Nations Conference on Trade and Development가 선진국으로 분류한, 한국의 모든 세대에서 나타나는 공통된 불행이자 사회적 위험이다.

적절한 주거 생활을 누릴 권리

배고픔뿐만이 아니다. 경제적 이유로 냉·난방과 같은 필수적인 에너지 이용에 어려움을 겪고 있는 가구의 고통 역시 무시할 수 없다. 2020년도 기준 서울시 저소득가구의 에너지 빈곤 가구 비율(월세 차감 후 소득 대비)이 봄·여름·가을에는 6~10.5퍼센트, 겨울에는 40.5퍼센트 수준까지 높아진다.

에너지 이용이 취약한 계층은 집중적으로 고시원 거주 및 독거노인 세대, 조손 세대, 한부모 세대 등에 몰려 있다. 이들은 생존과 직결될 만큼 에너지 빈곤이라는 사회적 위험에 노출된 것으로 나타났다.

여름이라고 괜찮을까? 무더운 여름, 16살 민서(가명)는 집에 있는 시간이 괴롭다. 선풍기 하나로 버티는 것에 한계가 있다. 옆 건물과 딱 붙은 주거환경으로 바람이 통하지 않아 오히려 바깥보다 더 기온이 올라가기도 한다.

집이라는 공간이 오히려 편하지 않다. 그래서 학교를 마치고 귀가하자마자 다시 집을 나서서 집 근처 복지관으로 간다. 학교 도서관이 4시 반이면 닫기 때문에 더위를 피하면서 공부할 수 있는 유일한 공간이 복지관이기 때문이다.

할머니와 사는 8살 은하(가명)네는 그나마 에어컨이 있지만, 학교에서 돌아오는 시간대에만 땀을 식히기 위해 잠깐 튼다. 전기료 걱정 때문이다. 은하의 집은 지하라 장마철이 되면 빗물이 종종 집안으로 들어온다. 곰팡이와 악취는 일상적이다. 퀴퀴한 냄새와 습기는 기분을 더 우울하게 만든다.

아동의 건강을 위협하는 요인 중 주거환경은 가장 핵심적인 사항이다. 저소득 가구 10곳 중 8곳의 가정이 에어컨 없이 뜨거운 여름을 보내고 있다2022년 7월 25일 KBS 뉴스, 〈폭염 격차 "차라리 학교에 더 있고 싶어요"〉. 올 여름에는 좀 달라질 수 있을까?

새뮤얼슨의 행복함수에 기반하여 주거환경의 열악함이 어떻게 행복함수에 부정적 요인으로 작용하는지 민서와 은하네의 예로 알아보자. 이 두 집은 경제적 이유로 주거환경에 큰 영향을 끼치게 되는 여름과 겨울의 전기 사용을 최대한 절제한다. 외부로부터 유입되는 뜨겁고 차가운 공기를 막아 줄 수 있는 훌륭한 건축자재로 완비된 집도 아니다.

사계절 중 폭염과 한파 걱정이 덜 심한 봄·가을이 되

$$\text{행복} = \frac{\text{소비}}{\text{욕망}} = \frac{\text{소비}_2 \; (\text{주거 생활})}{(\text{정주}) \; \text{욕망}_2} + \frac{① \text{ 열악한 주거환경} \quad ② \text{ 여름·겨울 에너지 빈곤}}{\text{사계절 안정적 주거환경}} = 0.5(\downarrow)$$

어야 주거환경의 열악함에서 오는 고통을 그나마 줄일 수 있다. 민서와 은하네 가족의 행복함수는 사계절 중 여름과 겨울 두 계절에서 소비 능력이 현격히 떨어지게 되어 행복함수가 0.5 이하 수준으로 유지된다.

유엔은 인간의 존엄성을 수호하기 위한 안정적 주거권 보장을 천명하고 1948년 세계인권선언으로 '적절한 주거 생활을 누릴 권리'Adequate housing를 선언한 바 있다. 주거권은 안정적인 주거환경과 주거 생활을 향유할 수 있는 행복을 구성하는 핵심 요소로서, 인권과 동일한 수준으로 가늠되어야 한다.

주거는 인간의 존엄과 가치를 유지하기 위한 기본적 조건이다. 그럼에도 불구하고 개별 가구의 소비 구조에서 주거에 투입되는 소비 비용은 커다란 비율을 차지하며 시장 논리에 좌우되는 경향성 또한 매우 높다. 이에 주거 취약계층을 비롯해 모든 계층의 행복달성을 위한 주거 공간과 주거 환경에 대한 소비 지원 정책이 늘 사회적 이슈로 떠오른다.

주거는 자립적인 삶의 공간을 의미하기 때문에 독립된 삶을 향유하기 위한 최소한의 기준이 된다. 자신과 가족의 주거 공간을 마련하고 생활한다는 것은 인간의 존엄을 보장받아야 하는 권리라는 점에서 중요한 의미를 갖는다. 그러함에도 이런 권리로서의 주거권 보장은 자주 논쟁의 대상이 된다.

언론에서 자주 언급되고 있는 반지하, 전월세 대란, 빌라왕과 같은 표현은 주거권을 보장받지 못하는 대한민국 시민들의 상황을 상징하고 있다. '집'이 상품으로 취급되고 재산 증식의 수단으로 이용되어 개인과 가족은 물론 공동체 전반의 행복함수에 부정적 요인으로 작용하고 있음을 빈번히 목격한다.

2021년 유엔무역개발회의의 결정에 따라 한국은 개발도상국에서 선진국으로 진입했다. 하지만 2023년 현재에도 우리 주변에는 주거의 안전을 확보하지 못한 사람들이 무수히 많다. 인간이 삶을 영위하는 데 기본적인 요소임에도 우리 사회에서는 아직도 이 문제를 해결하기가 어렵고 힘든 개인과 가족이 여전히 남아 있다.

나의 능력 부족 때문이라고?

개념적 접근으로 행복함수를 살펴보면, 욕망(D)과 그

$$H = \frac{C}{D} = \frac{C_1}{D_1} + \frac{C_2}{D_2} + \frac{C_3}{D_3} + \frac{C_4}{D_4} + \frac{C_5}{D_5} + \frac{C_n}{D_n}$$

H = Happy(행복), C = Consumption(소비), D = Desire(욕망)

에 대응하는 소비(C)가 적절하게 맞물려 '행복함수＝1'을 유지할 수 있도록 소비 능력이 갖춰져야 한다. 삼시 세끼 균형 잡힌 식사처럼 생존을 위한 기본적인 욕망(D_1)을 기초로 두고 행복을 달성할 수 있는 다양한 욕망들을 D_n에 대입해 보도록 하자.

자신과 가족의 자립적이고 독립적인 주거 공간을 의미하는 정주의 욕망(D_2), 외부의 위험으로부터 신체적·정신적인 건강과 안전을 확보하고자 하는 건강·안전의 욕망(D_3), 사회의 동등한 구성원으로서 성장하기 위한 교육의 욕망(D_4), 여가와 문화 등을 향유하거나 타인으로부터 존경받고자 하는 성취의 욕망(D_5), 그 이외에도 인간은 다양한 욕망의 층위(D_n)를 지니고 그러한 욕망들을 충족하기 위한 소비 활동을 벌여 나간다.

$$\text{행복} = \frac{\text{소비}}{\text{욕망}} = \frac{\text{소비}_1}{\text{음식섭취}} + \frac{\text{소비}_2}{\text{정주}} + \frac{\text{소비}_3}{\text{건강안전의}} + \frac{\text{소비}_4}{\text{교육의}} + \frac{\text{소비}_5}{\text{성취의}} + \dots \frac{\text{소비}_n}{\text{욕망}_n}$$

새뮤얼슨이 제시한 행복함수는 개념화된 행복을 수치화하는 것 이상의 의미를 지닌다. '행복함수＝1'로 등치되는 인간의 본질적 존엄을 지켜 나갈 수 있는 욕망의 종류와 수준, 그에 대응하는 소비 활동과 소비 능력 등에 대한 논쟁으로 귀결되기 때문이다. 예를 들어, 다음의 가상대화를 살펴보자.

A: "축하한다! 이번에 집 장만했다면서?"

B: "고맙다. 이 집 마련하는 데 오래 걸렸어. 애들도 점점 커 가는 데 돈 마련하느라고 어찌나 마음고생을 했는지 모른다."

A: "몇 평이나 되니?"

B: "24평."

A: "그래? 너희 가족이 다섯 명인데 24평은 좀 비좁지 않겠어?"

B: "좁아. 30평 이상에 방이 3개는 되어야 하는데 ……, 어쩌겠

니? 요즘 집 장만하는 일이 쉽지 않아. 아내는 화초 키울 베란다가 없는 것에 대해 아쉬워하고, 아이들 셋은 방 하나를 나누어 쓰려니 서로들 힘들어 해. 가족회의를 해서 그나마 가족들이 같이할 수 있는 거실을 넓게 쓰는 쪽으로 집을 구했어. 집을 장만했다는 것에 위안을 삼지만, 그래도 집에 들어가면 좀 많이 아쉽기도 하고 가족들도 약간의 불만이 있는 듯해."

A: "음 …… 주거환경에서 가족의 행복함수가 1을 충족하지 못하니 어쩔 수 없는 상황이 발생하는구나."

B: "그동안 아끼고 아껴 가면서 마련한 집인데도 우리 부부는 부부대로 능력 부족을 한탄하고, 그러다 보니 아이들이 부모의 능력 부족에 대해 원망하는 것은 아닌가 걱정이 되기도 해. 집에서 아이들이 여유롭고 안락한 공간에서 편하게 지내면서 '행복함수=1'이 유지되었으면 했는데 일단 지금의 주거환경에서는 그렇지 못해."

A: "그런 말 하지마. 그것이 왜 네 능력 부족이니? 집이 사람 사는 곳이 아니라 돈 벌려고 사는 것이 되었으니 그렇지. 정부의 주택시장 정책도 계속 실패하고 말이야. 그건 네 능력 부족이 아니라, 공동체의 능력 부족 때문이야."

한 가족이 집을 장만하는 과정에서 발생할 수 있는 가상의 이야기이다. 가족의 단란함을 키워 가고 행복을 달성하기 위해 편하게 쉴 수 있는 주거 공간을 마련하고자 하는 것은 가족공동체의 당연한 욕망이다. 가족의 규모에 따라 공간의 면적과 구조 등 다양한 주거 환경을 고려해야 하는데 그렇지 못했다.

중요한 것은 주거 생활을 유지할 수 있는 소비 능력이 문제다. 현재 이 가족이 보유한 소비 능력은 친구 A의 분석처럼 '행복함수＝1'을 충족시키지 못하고 있다. 분모와 분자가 동일해져야 행복함수가 1이 되는데, 분모의 욕망 수치에 대응되는 분자의 소비 수치를 계산하면, 산술적으로 1이 될 수 없다.

$$\text{행복} = \frac{\text{소비}}{\text{욕망}} = \frac{\substack{\text{소비}_2 \\ (\text{주거 생활})}}{\substack{(\text{정주}) \\ \text{욕망}_2}} + \frac{\substack{24\text{평} \\ 5\text{인 가족}}}{\substack{5\text{인 가족} \\ 30\text{평}}} = 0.8$$

A가 친구 B의 불만족의 원인을 공동체의 능력 부족이라고 지적한 까닭은, 주택 고유의 본질적 모습을 주거 공간으로 이해하지 않고 재테크의 도구인 상품으로 접근하는 사회적 환경 때문이라고 보기 때문이다.

주택이 상품화되는 것을 막지 못하고 있는 공동체의 능력 부족, 즉 구조의 문제를 B는 개인의 능력 부족으로 생각하고 있다.

행복함수 총량의 법칙

'행복함수＝1'이 성립하지 못하는 상황에 대해 A와 B가 이해하는 방식의 차이는 명확하다. 이해는 철학적 관점으로부터 비롯되는데, 그럴지라도 결과적으로 '나와 가족의 행복달성은 누구의 책임인가?'라는 질문으로 귀결되는 것은 달라지지 않는다. 어쨌건 B는 개인의 행복달성의 책임이 개인에게 있다고 여긴다. 반면 A는 개인이 행복해지거나 불행해지는 것은 공동체의 책임이라고 여긴다.

내 가족의 행복에 대한 책임이 내 탓이 아니라고 하는 발상이 너무 무책임한 것이 아니냐고 반문하는 이가 있을

지도 모른다. 거시적 측면에서 살펴야 한다. 행복을 달성하지 못한 동일한 결과에 대해 책임의 주체에 대해 다시 생각해 보자. 책임의 주체가 달라지면 행복달성에 영향을 미치는 소비 능력의 주체 역시 달라진다. B는 개인의 소비 능력에 그 초점을 두지만, A는 공동체의 소비 능력인 제도와 정책의 지원에 초점을 맞춘다.

A와 B의 관점은 행복을 대하는 철학적 신념 차이를 대변한다. 이 차이는 공동체가 행복달성 운영 매커니즘을 구성하는 데 전혀 다른 작동 원리가 가동되도록 만든다. 하나는 능력에 기반한 경쟁이 되고 다른 하나는 연대를 토대로 한 협력이 된다. 이른바 '행복함수 전체 총량의 법칙'을 어떻게 설정하느냐에 따라 공동체의 행복 총량을 달성시키는 사회적 운영 시스템의 차이가 발생하게 된다.

A의 철학적 시각에 의거한 행복달성 운영 방식은 공동체 구성원 각각의 '행복함수＝1'의 충족이 중요하다. 왜냐하면 100명의 행복함수가 모여 공동체의 행복함수＝100이 되어야 하는데 이때 모든 개인들의 행복함수가 1 이하로 떨어져서는 안 되기 때문이다.

그래서 '행복함수＝1'을 유지하기 위한 제도와 정책을

마련하는 것이 최우선의 목표가 된다. 공동체 구성원이 공유하는 사회적 가치체계도 개인의 능력보다 공동체의 제도와 법률 등의 구조화에 관심의 중심을 둔다.

반면, B의 관점과 철학은 A와 전혀 다르다. 공동체보다 개인이 우선된다. 즉 '행복함수=1의 미충족' 상태인 개인들이 다수를 차지해도, 능력 있는 소수의 행복함수를 합쳐 '행복함수 총량 100'을 충족시킨다면 전혀 문제가 안 된다는 것이다. 풀어 보자면, 행복함수의 총합이 10인 사람들 99명과 행복함수 90인 1명이 구성하는 공동체도 전체 총량은 100이 되므로 상관없다.

이 사회에서는 공동체의 제도와 정책, 법률 제정 및 규제 완화가 행복함수 상위 그룹을 위한 수단으로 귀결된다. 그리고 '행복함수=1'이 충족되지 못한 개인의 불행은 능력 있는 사람들의 자선과 자원봉사로 도와 해결하면 된다고 생각한다.

행복함수가 1이 넘는 상위 그룹이 축적시킨 부의 잉여 _{낙수효과}를 통해 사회적 기본권을 보장받지 못한 사람들의 문제를 해결할 수 있다고 주장한다. 행복은 개인의 책임이라는 B와 공동체의 책무라는 A의 입장 차이는 각각의 이데올로기적 특징을 보여 준다. 이데올로기는 사회집단에 있어서 사상, 행동, 생활의 방법을 근본적으로 제약하고 있는 관념이나 신조다. 이데올로기는 누군가의 주장을 듣고 한순간에 '짠' 하고 나타나는 것이 아니라 역사적 맥락, 개인과 집단의 성장 배경 및 철학에 기반해 오랜 기간 동안 켜켜이 축적되고 쌓여서 형성되는 가치관이다.

그래서 '개인의 책임인가 혹은 공동체의 책임인가'라는 질문으로부터 각각 다른 답이 구성되는 행복달성에 대한 철학적 시각 차이, 즉 이데올로기적 차이는 그 어떤 것보다 가장 강력하고 오랜 역사성을 지닌다.

이데올로기는 공동체의 운영 방식을 결정짓도록 하는 강한 이념적 지향성을 바탕으로, 사회의 모든 지배 구조에 작용한다.

인류를 진보로 이끄는 것은 인간의 이성이라고 한 독일의 근대철학자 게오르크 헤겔Georg Wilhelm Friedrich Hegel, 1770~1831은 행복을 삶의 총체적 모습으로 바라보아야 한다며, 행복으로 향하는 인간의 삶은 '생존의 욕망'에서 '자기 확신의 욕망'을 충족시키는 과정이라고 설명한다.

이러한 과정은 생존이 보장되고 자신이 삶의 주인공이라고 확신할 수 있는 사회에서만 '나는 행복할 수 있다'는 결론에 도달하도록 한다. 헤겔은 그 사회가 바로 '국가'라고 정의한다. 신분제 사회가 무너지고 민주주의에 의한 국가 운영체제가 확립되면서 국가공동체는 민주적 방식으로 운영된다.

행복은 개인의 책임이라는 이데올로기를 지배적 가치체계로 삼을 것인지, 공동체의 책임이라는 이데올로기를 지배적 가치체계로 삼을 것인지는 민주적 방식으로 결정한다. 사람의 생긴 모습이 다르듯 개인의 생각이 다를 수 있으나 중요한 것은 '행복함수＝1' 충족이라는 명제는 당위적 목표로 공동체가 달성해야 한다.

'누가 무엇을 언제 어떻게 분배받을 것인가?' 사회정책의 핵심 논쟁에서도 반드시 지켜져야 하는 기본 명제가 '행복함수＝1'을 충족시키는 기본권으로서의 행복추구권이다. 이것이 바로 시민권과 사회권이다. 치열한 논쟁을 통해 시민권과 사회권으로 '행복함수＝1'의 수준을 어느 선에서 결정지을 것인가를 결정짓는 것이 바로 시민에게 천부인권처럼 부여된 정치권政治權이다.

국가는 인간의 행복달성 과정에서 생존과 기본권을 보장하는 방식으로 개인의 삶과 행복에 관여해야 한다. 헤겔은 이미 이 내용에 대해 자신의 저술 《법철학》에서 밝힌 바 있다. 행복의 양극화가 아닌 모든 시민 개개인이 헌

법으로 보장된 행복추구권에 의거하여 행복을 달성할 수
있도록 하는 것이 국가의 의무임과 동시에 국가의 존재
목적이 되어야 한다.

2부

행복하려면 ……

성적 좋은 자만 행복할 권리가 있는가

- 능력주의 사회와 행복 -

아이는 자라서 어른이 된다.
어른이 된다는 것은 시민이 되어가는 것이다.
후배시민을 어떻게 교육하느냐에 따라 공동체의 미래는 달라진다.

고등학생 시절, 내가 다니던 학교는 몇 달 동안 떠들썩했다. 수업이 끝나면 많은 친구들이 이웃에 위치했지만, 교문을 통과할 수 없는 여자고등학교로 몰려갔다. 당시 최고의 인기를 누리던 하이틴 배우 이미연이 그곳에서 〈행복은 성적순이 아니잖아요〉라는 영화를 찍고 있었기 때문이었다. 너도나도 '근처에 가면 직접 볼 수 있지 않을까'라는 기대감으로 인산인해를 이루었다.

그러나 10대의 이런 흥분 가득한 마음의 다른 한편에는 이 영화의 모티브가 된, 입시 중압감과 성적 스트레스로 목숨을 끊은 한 여학생에 대한 애도와 슬픔도 존재했다. 이런 양가감정의 공존이 비단 나에게만 국한된 일이었을까? 어찌되었건, 이 사건과 이 영화는 모두 사회적으로 큰 반향을 일으켰다.

'너의 행복한 장래를 위해서'라는 압박

이미 30여 년 전인 1989년에 개봉했기에 이 영화에 대해 모르는 이들도 많을 것이다. 몇 년 전 공전의 히트를 기록했던 드라마 〈SKY 캐슬〉의 '조상'과 같은 영화라고 하면 와닿을까? 잠깐 소개를 해 보면, 이 영화에는 김보성, 이덕화, 김민종 등 당시 쟁쟁했던 톱배우들이 대거 출연했고 흥행에서도 성공을 거두었다. 주인공 역을 맡은 이미연의 극중 이름은 은주이다.

반에서 1등, 전교 6등이던 은주에게 엄마는 성적을 더 올리라고 채근하며 '너의 행복한 장래를 위해서라도 꼭 이루어야 한다'고 다그친다. 은주는 엄마가 지어 온 '피로가 풀리면서 잠도 안 오는 한약'을 먹으며 공부를 한다. 은주가 다니는 고등학교 학부모 회의에서 학부모들은 우열반 편성을 강력히 요구하고 학교에서 보충수업을 더 늘려야 한다며 체육, 음악, 미술 시간을 줄이라고 교사들을 몰아친다.

시험이 끝나고 전교 석차가 학교 벽보에 붙은 날, 은주는 떨어진 성적을 확인하고 엄마에게 혼날 걱정이 앞선다. 엄마는 은주의 떨어진 성적을 담임 선생님으로부터 미리 전달받게 된다. 집에 돌아온 은주는 거실에서 자신의 방을 지키고 있는 엄마의 모습에 겁을 먹고 화장실도 가지 못한 채 그렇게 밤을 지새다 결국 아파트 옥상으로 올라가 스스로 세상을 등지게 된다.

은주의 죽음에 같은 반 아이들은 슬퍼하지만 수학 선생님은 책상 위의 국화꽃을 치우라면서 학생들을 나무란다. 슬픔에 잠겨 있는 이 시간에도 '다른 학생들은 경쟁에서 앞서 나가고 있다'면서 학생들이 은주의 장례식에 가는 것조차 막아 버린다. 영화 중 은주의 마지막 독백이 흘러나온다.

난 앉아서 공부만 하는 그런 학생이 되기는 싫은데
난 꿈이 있는데

난 정말 남을 사랑하며 살고 싶은데

이 모든 것은 우리 엄마가 제일 싫어하는 것이지

난 인간인데

슬픈 것을 보면 울 줄도 알고,

재미있는 것을 들으면

웃을 수도 있는 사람인데

엄마는 언제나 내게 말했어

그러면 불행해진다고 ……

공부만 해서 행복한 건 아니잖아

공부만 한다고 잘난 것도 아니잖아

그치만 엄마

성적 때문에 자식이 부모를 미워해야 하고

성적 때문에 친구가 친구를 미워해야 하는데도

내가 행복해질 수 있다고 생각해?

하나님 왜 이렇게 무서운 세상을 만드셨나요?

선생님 왜 이렇게 우리를 무서운 세상에 살도록 내버려 두셨

나요?

행복은 결코 성적순이 아니잖아요.

보이텔스바흐 합의

[문제 A]

독일에는 30만 명의 장애인과 간질환자 등이 관리를 받는 시설이 있다. 하루에 1인당 4제국마르크가 지출될 때 1년 국가의 총지출은 얼마인가? 이 돈을 신혼부부에게 100제국마르크의 보조금으로 지원한다면 몇 쌍에게 지원할 수 있는가?

[문제 A]는 나치독일의 교육부가 학생들에게 출제한 시험 문제이다. 인간을 철저하게 효율성과 비용의 문제로 바라보게 만든다. 겉으로는 단순한 수학 문제 같지만, 이 내용이 함의하고 있는 바는 위험하다. 인간을 어떤 기준을 정해 구분해 놓고, 지출과 지원이라는 표현을 통해, 누군가에게는 사회적 비용이 지출되는 것으로, 그리하여 그것이 공동체의 부담이 되고 피해를 입히는 것으로 인식하게끔 유도하고 있다. 더 나아가 이 문제의 해결 방안이 공동체에 어떻게 적용되는 것이 경제적으로 효율적인지 판단하도록 교묘하게 유도한다.

이러한 나치의 교육관은 20만여 명의 장애인과 약 500만 명의 유대인이 학살된 것과 무관하지 않다. 독일

정부는 제1·2차 세계대전 전간기戰間期를 거치면서 모든 자
국민들이 인종적 우월성, 국가에 대한 복종, 조국을 위한
자기희생 등의 관점으로 세상을 바라보도록 교육시스템
을 운영하였다. 경쟁력 있는 인간, 게르만 민족으로서의
자긍심 등 우월성 교육에 중점을 두고 순위와 승패를 가
르도록 교육제도를 심층적으로 정비했다.

그러나 1945년 제2차 세계대전이 끝나고 나치즘의 폐
해를 깊이 깨닫게 된 독일 시민들은 교육 목표를 민주주
의와 인류애 실현 등으로 전환하는 시스템을 구축한다.
인간으로서의 다양한 재능과 인성을 가진 사회구성원들
이 자신의 적성과 잠재력에 따라 진로를 찾아갈 수 있도
록 교육 시스템을 개편하기 시작한다. 모든 시민이 함께
조화롭게 사는 사회를 실현하는 것을 교육의 최우선적 목
표로 설정한다.

소수의 엘리트를 양성하는 교육보다는 모두의 적성과
소질 계발을 위한 교육으로 방향성을 잡아 나간다. 독일
에서는 선행학습이 이루어지지 않는다. 선행학습이 학생
의 능력 발달이나 시민으로서의 성장에 미치는 영향이 긍
정적이지 않다고 보기 때문이다. 교사의 수업권을 방해하
고 다른 학생의 사고와 질문에 대한 교육권을 침해하는

것으로 인식되기 때문이다.

독일은 1960년대부터 1970년대 초반에 이르기까지 격렬한 정치·사회적 갈등을 겪었다. 자본주의 경제체제하에서 노동자 착취의 문제, 젠더 불평등, 부모 세대와 자녀 세대 간 갈등, 나치 전력자들의 기득권 유지와 고위직 잔류, 그리고 동·서독 분단 문제 등 사회적 대립이 그 어느 때보다 심각하게 대두했다. 이러한 분란으로 인간의 인간에 대한 지배와 권력 관계 문제, 기득권을 쥐고 있는 주류 사회에 대한 거부의 움직임 등이 촉발되었다.

보수주의자들은 이런 움직임에 대해 체제를 전복하고 사회의 전통뿐만 아니라 민주주의의 기본 가치를 흔든다고 비판했다. 그러나 계속 분란 상태에 머무를 수는 없었다. 독일인들은 이와 같은 사회적 혼란과 갈등을 극복하는 해결 방안으로 1976년에 독일의 소도시 보이텔스바흐에서 향후 독일의 교육과 관련한 합의를 이끌어 내는데 그것이 바로 보이텔스바흐 합의Beutelsbach knosensns이다.

독일 정부는 국가 운영 모델로 복지국가를 설정하고 사회 운영의 기본 목표를 '안전과 여가'로 삼는다. 그리고 모든 시민이 자유롭게 행복을 추구할 수 있도록 이에 대한 기본 조건을 국가가 마련해야 한다고 선언한다. 공동체의 가치 규범을 모두가 공유할 수 있도록 교육의 방향성과 그에 따른 운영 방식도 맞추어 나간다.

그 대표적인 예가 바로 독일의 고등교육 시스템이다. 대학에 입학해서 공부하려는 학생들은 대학에서의 학업 이수 능력을 충분히 갖추고 있다는 것을 시험으로 입증해야 한다. 그 제도가 아비투어$_{Abitur}$이다. [문제 B]는 아비투

[문제 B]

주제: 복지국가의 재건 – 그러나 어떻게?

제공된 지문: 야당인 독일 사회민주당 소속 노르트라인–베스트팔렌 주지사 슈타인브뤽이 밝힌 독일 사회안전망과 복지제도, 정의에 대한 견해의 글

문제: 현재의 사회적 안전 시스템과 그것이 독일의 기본법(헌법)에 어떻게 규정되어 있는지 서술하시오. 슈타인브뤽의 사회 정의에 대한 견해와 그러한 견해의 독일 정치 시스템 속에서의 실현 가능성에 대해 토론하시오.

＊피어 슈타인브뤽(Peer Steinbrück)은 독일 야당인 사회민주당(SPD) 소속으로 여당인 기독민주연합당(CDU)과 정치적·이념적 차이를 극복하기 위해 노력했다. 이에 대연정(大聯政) 내각을 구성한 앙겔라 메르켈 총리(Angela Dorothea Merkel)의 집권 초기 연방정부의 초대 재무부 장관직을 수락하였다.

어의 예시 문제이다. 앞서 제시된 [문제 A]와는 시각과 철학이 다르다는 것을 단번에 파악할 수 있다.

이 둘의 비교를 통해서, 각각의 문제를 푸는 학생들이 어떤 방식의 교육을 받아 왔는지 추측이 가능하다. [문제 B]에서는, 문제 해결에 대한 개인의 지향점이 다르므로 다양한 의견을 제시할 수 있도록 하면서도 행복달성을 위한 공동체의 목표에 대해 헌법에서 어떤 방향을 제시하는지 알고 있어야 하는 것이 전제된다.

보이텔스바흐 합의 이후 독일의 교육체계에서는 사회 규범과 공동체의 가치체계 등을 학생들에게 일방적으로 주입시키지 않는다. 후속 세대를 건전한 시민으로 성장시키는 것이 기본 목표이므로 논쟁과 토론, 학습이라는 방법으로 목표에 도달할 수 있도록 교육한다. 사회 진출을 준비하고 있는 세대가 스스로 판단하고 결정하며 행동할 수 있는 능력을 갖출 수 있도록 한다.

이런 과정을 통해 성장한 시민은 어떠한 이슈가 발생하더라도 그 문제들을 분석하고 그것과 관련된 상충하는 입장과 얽혀 있는 사람들의 이해관계까지 그 사고의 폭을 넓힐 수 있었다. 물론 시민들은 자신의 이익을 생각하면서도 사회 전체를 위한 공동 책임을 고려한다.

새로운 교육체계에서 공부한 독일인들은 갈등 해결에 영향을 줄 수 있는 수단과 방법을 찾게 된다. 특정한 정치 이념이나 이해관계에 치우치지 않으면서, 시민들이 바람직한 정치적 주체로 함께 성장하는 데 초점을 두고 있다. 이것이 보이텔스바흐 합의가 내세우고 있는 '정치에 대한 교육의 우선성'이다.

보이텔스바흐 합의에는 3가지 핵심 원칙이 제시되고 있다. 주입과 일방적 교화 금지의 원칙Ueberwaeltigungsverbot, 사회적 이슈에 대한 논쟁성의 원칙Kontroversitaet, 개인·집단

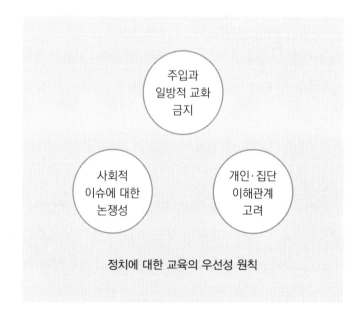

정치에 대한 교육의 우선성 원칙

의 이해관계에 대한 고려의 원칙Interessenorientierung이다.

'주입과 일방적 교화의 금지' 원칙은 자기 자신의 의사가 형성될 수 있도록 다양한 정보에 대한 접근이 권리로서 가능해야 하고 자유로운 의사 표현이 가능할 수 있도록 권리로 보장하는 것을 의미한다.

'사회적 이슈에 대한 논쟁성' 원칙은 정치적으로 민감한 사안, 혹은 어떠한 이념적 차원의 논쟁이라도 언제나 토론이 가능하며 사상에 대한 차이를 차별하지 않고 상호 인정해야 한다는 것을 보장해야 하는 원리이다. 이것은 세 가지 원칙의 중심에 위치한다. '개인·집단의 이해관계에 대한 고려' 원칙은 시민으로서 공동체에 능동적으로 참여해야 한다는 원칙이다. 이 원칙은 개인과 가족, 혹은 집단의 행복추구가 사적 이익, 각각의 이해관계, 공동체의 목표 등과 일치되는지 혹은 갈등하는지를 민주적 공론장에서 적극적으로 제시할 수 있도록 시민들의 참여를 독려한다.

보이텔스바흐 합의는 내용적 측면에서 복지국가의 시민권과 밀접한 관련성을 맺고 있다. 시민으로서 자유로운 행복추구를 권리로 보장하는 시민권의 3가지 구성 요소인 공민권, 사회권, 정치권과 일맥상통한다. 그리고 이는 독일이 복지국가로 모델을 구축하는 데 그 토대가 된다.

복지국가의 시민권: 공민권, 사회권, 정치권

국가가 목표로 하는 개인의 자유로운 행복추구는 시민권으로 귀결된다. 마샬은 시민권이 세 가지 권리 영역으로 구성되고 있음을 밝힌다. 첫째는 공민권으로, 인간은 다른 사람들과 평등한 상태에서 자신의 모든 권리를 옹호하고 주장할 수 있는 권리가 있으며 이를 바탕으로 행복을 추구할 수 있다.

둘째는 사회권으로, 행복을 추구할 수 있는 기본적 삶을 경제적으로 보장받을 수 있는 권리다. 이 권리에는 사회적 유산에 대한 자신의 몫을 누릴 권리, 사회에서 일반적으로 인정하는 수준의 문명화된 삶을 영위할 수 있는 권리도 포함된다.

세 번째는 정치권으로, 시민으로서의 권리가 정당하게 유지될 수 있도록 국가는 법률적·제도적 근거를 민주적 방식으로 형성해야 한다. 민주적 방식으로 권위와 권력을 부여받은 국가의 정부에 시민들이 그 구성원을 선출하여 보내어 구성원이 직접 법률적·제도적 근거를 제정할 수 있도록 하는 권리이다.

정치권은 공민권과 사회권의 수준, 범위, 근거 등을 결

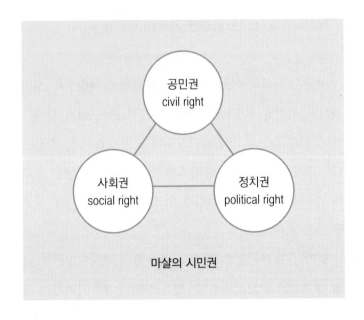

마샬의 시민권

정하는 데 있어 빠질 수 없는 권리이다. 시민권을 확고하게 유지시키거나 향상시킬 수 있는 권리이므로 시민으로 성장하는 데 있어 정치권에 대한 교육은 공동체에게 꼭 필요하다. 이것은 보이텔스바흐 합의에서 제시하고 있는 시민교육의 '정치에 대한 교육의 우선성'과 동일한 구조적 맥락에 있다.

아리스토텔레스는 교육을 소홀히 하면 국가의 정치질서가 쉬이 나쁜 영향을 받게 된다고 경고한다. 시민은 언제나 자국의 정치질서를 민주적으로 이끌기 위해 합당한 교육을 받고 정치질서를 유지할 수 있도록 각자의 책임과 역할에 충실해야 한다. 정치질서에 부합하는 시민의 정치적 성격은 정치질서를 창출해 내는 힘이며, 그 질서를 유지시켜 주는 원동력이 된다.

이런 측면에서 앞서 언급한 과거 독일의 사례를 떠올려 보자. 나치독일이 게르만 민족주의, 우월성, 경쟁기제 등을 효과적으로 주입하기 위해 운영한 교육제도하에서 학생들은 나치의 이념을 습득한다. 성인이 되어서는 나치정부에 충성하는 구성원으로 활동한다. 이러한 순환은 결국 전체주의적 정치 시스템을 공고히 하게 된다.

반면 30년의 세월이 흐른 후, 독일 사람들은 자신의 과거를 반성하고 반목과 갈등에서 벗어나 공동체를 위한 사회에 대해 눈을 뜨게 된다. 그들은 보이텔스바흐 합의를 거쳐 새로운 가치규범을 도출한다. 그리고 그 규범의 중심에 '정치에 대한 교육의 우선성'을 둔다. 교육을 통해 공동체를 위한 시민의 성장을 도모한 결과, 독일은 현재의 복지국가 시스템을 정비하게 되었다.

더 강하게 고착된 메리토크라시

한국 영화 〈행복은 성적순이 아니잖아요〉가 나온 지 30년 이상의 세월이 흘렀다. 독일의 보이텔스바흐 합의 역시 전후 30년의 세월이 지난 시점에 나타났다. 그러나 독일과 달리 한국 사회에서는 오히려 더 강력한 능력주의 메리토크라시가 고착화되는 현상이 일어나고 있다.

메리토크라시meritocracy란, 영국의 사회학자 마이클 영 Michael Young, 1915~2002의 《메리토크라시의 부상The Rise of Meritocracy》이라는 책에서 처음 등장한 말로 라틴어 meritum(가치·공헌)에서 파생된 merit와 고대 그리스어 'kratos(힘·권력)'에서 파생된 'cracy'의 조합으로 이루어진 실력주의, 업적주의 등을 지칭하는 개념이다.

능력주의라는 강력한 이념적 메리토크라시. 한국 사회의 교육체계에서는 '경쟁'이라는 기제가 더욱 강화되고 있으며, '능력'만이 '행복'이라는 도그마dogma에 철저하게 복종하도록 규율과 제도를 만들어 간다. 이 공동체의 규범 '능력에 따른' 분배만이 정의로울 뿐이다. 그래서 한국 사회에서는 시험 성적·학력·학벌 등이 행복달성의 지름길로 여겨진다. 이는 특히 사교육 시장의 규모를 보면 더욱 극명해진다.

한국에서는 2016년을 기준으로 연평균 6퍼센트씩 사교육시장 규모가 증가했다. 2021년도에는 사교육 비용으로 1인당 월평균 36.7만 원을 지출하여 시장의 총규모는 23.4조 원에 달하였다. 2021년도 대한민국 국가 예산이 550조이고 그중 공교육 예산이 71조원(12.9퍼센트)인데 정부에서 투입하는 공교육 예산 외에도 각 가정에서 약 33퍼센트의 추가 비용을 자녀들의 교육에 투입하고 있는 것이다. 그렇다면 과연 아동·청소년의 행복함수는 투입된 비용만큼 향상되었는가?

한국방정환재단이 공개한 '한국 어린이·청소년 행복함수' 결과를 보면, 2022년 기준 조사 대상인 OECD 22개 국가 중 한국은 22위를 차지했다. 그런데 10년 전인 2012년도에도 한국은 최하위를 기록했다. 행복하게 자라야 할 우리 아이들은 선한 공동체 구성원의 일원이 되는 유년 기간을 보내고 있지 못하는 것 같다.

모두의 행복을 위해 협력하고 연대하는 시민으로 성장하는 과정을 거쳐 사회로 진출해야 하는데, 경쟁하면서 '만인 대 만인의 투쟁'을 위한 준비만 하는 것 같다. 이 시기에는 인생의 어느 순간보다 행복을 누려야 한다. 그러나 우리의 현실은 성적과 학벌이라는 두려움과 불안함에서 벗어날 수 없다. 학교는 더 좋은 사람이 되기 위한 배움의 장소라기보다 더 강한 사람이 되기 위한 경쟁의 현장이다.

현재의 기성세대 역시 다르지 않은 학창 시절을 겪었다. 경쟁이라는 것이 인간을 얼마나 비참함으로 몰아넣는지 경험해 봤음에도 이들은 경쟁의 고통을 개선시키려 하지 않는다. 오히려 그것을 강화하는 방향으로 자신들의 아이들을 키우고 있다.

어쩌면 당연한 결과인지도 모른다. 그동안 기성세대는 시민권과 사회권을 강화시킬 수 있는 공적 욕망에 대한 논의를 해 본 적이 없다. 논의가 없으니 공적 소비에 대한 합의 역시 부재할 수밖에 없다. 과정을 거치지 않았으니, 경쟁기제가 재생산되는 모습으로 행복방정식이 작동하게

$$\frac{\text{공교육제도}}{\text{공교육 필요}} + \frac{\text{사교육 시장}}{\text{사교육 열망}} = \frac{\text{강력한}}{\text{경쟁의 욕망}} = \frac{\text{행복함수}}{\text{최하위}}$$

위에는 71조 원, 23.4조 원, 능력주의

되고, 우리나라의 행복함수는 최하위에 머물게 되는 악순환이 계속되는 것이다.

한국의 기성세대는 경쟁을 강화함으로써 인간으로서의 본질적 존엄성을 학습하고 체화시킬 수 있는 기회 자체를 박탈했다. 또한 아이들을 일방적 방식으로 양육하여, 고정화된 사고를 강요했고, 축적된 지식을 주입받는 수동적 존재로 인식했다. 존엄한 시민으로 성장할 수 있도록 아이들을 독립된 주체적 존재로 대우해야 함을 완전히 무시했다.

생각이 다른 타인과의 토론을 통해 각자의 다름을 이해하기보다는 이기는 논쟁을 해야 하고 그것이 능력이며 그러한 사람만이 행복할 자격이 있다고 가르치고 있다. 때로는 여타 집단이 보이고 있는 극단적인 혐오와 척결의 대열에 합류함으로써 그 과정을 관찰하였다가 모방하도록 유도한다.

타자에 배타적이고 공격적인 폭력성이 조장되는 정치적 문화공간유튜브, SNS, 온라인 커뮤니티 등이 날이 갈수록 확대되도록 방치하기도 한다. 사회적 갈등 사안들이 합리적인 대화와 토론을 통해 해결하도록 교육하기 보다는 왜곡된 이념적 틀 안에서 다루어지도록 놔둔다.

정치 영역은 이런 문제들을 완화시키고 거기에서 드러 나는 이견, 차이, 적대를 민주적 제도의 틀 안에서 조율해 야 하지만, 스스로 이념 대립의 함정에 빠져 오히려 갈등 을 증폭시킨다. 보이텔스바흐 합의의 관점에서 보자면 한 국 사회의 공동체는 헌법에 보장된 공민권, 사회권이 발 휘될 수 있도록 시민을 성장시켜야 하는 정치권을 제대로 기능하지 못하게 하는, 일종의 정치적 진공 상태로 빠뜨 린다.

교육으로 공동체가 추구하는 공통된 가치체계를 습득 할 수 있도록 해야 한다. 아리스토텔레스는 부모가 저마 다의 자식들을 위해 가족 내에서 세습되는 이해관계에만 집중하는 소위 사교육화된 개인적 교습에 의지해서는 안 된다고 경고한다.

좋은 공동체의 달성이라는 목적을 위해 아이들을 교육 해야 한다고 역설한다. 아이들이 자라서 시민이 되고 모 든 시민은 공동체 구성원이 되기 때문이다. 시민권으로서 의 공민권과 사회권, 정치권의 안정성을 확보하기 위한 가 장 훌륭한 방식은 공동체의 가치규범에 의거하여 교육하 는 것이다.

공적 욕망으로서의 시민교육이 준비되어야 하고 공적

소비로서 시민교육이 운영되어야 한다. 좋은 공동체의 시민교육의 영향이나 습관에 따라 시민권에 맞는 성향, 사회권 정신에 맞는 덕성으로서의 정치권이 완비되어야 한다. 복지국가의 시민권은, 우리 사회를 부정적으로 지배하고 있는 메리토크라시라는 강력한 사회적 모순을 제거하는 첫 번째 열쇠가 될 것이다.

왜 '노동자'가 되고 싶지 않은가
– 일과 행복달성을 위한 공적 분배 –

시장의 보이지 않는 손.
그런데 이 손이 우리의 팔목을 움켜 쥐는 수갑으로 변할 때는 언제일까?
일을 해도 왜 내 손에 남는 것은 없을까?

'일'과 비슷한 단어는 '노동'이다. 노동은 보수를 받기 위해 하는 일이다. 그래서 금전적 대가의 유무를 넘어서는 '일'이라는 단어보다 하위 개념으로 볼 수 있다. '노동'을 하지 않으면 경제 활동이 이루어지지 못해 행복달성의 기본 조건인 소비 능력을 충당할 수 없고 타인의 행복을 달성시켜 줄 상품과 서비스 역시 생산되지 못한다.

노동은 인간의 행복달성에 필요충분 조건이다. 그럼에도 한국 사회에서 '노동'이라는 단어에는 '투쟁', '파업' 등의 '운동권' 이미지가 강하게 덧씌워져 있다. 이뿐만이 아니다. 아이들에게 '무엇을 하고 싶은지' 물어보면, 당연히 직업을 가져야 하지만 노동자는 되고 싶지 않다고 한다. 우리 아이들은 직업과 노동을 별개의 것으로 인식하고 있으며 자신의 일상생활과는 별개의 영역으로 분리시켜 바라보는 경향이 강하다.

'노동자풍'이라는 범죄자 묘사

한국 사회에서 '노동'이라는 단어에 대한 인식은 부정적이다. 노동자란, 일반인들이 피하고 싶은 위험한 일, 돈을 벌기 위해 육체적으로 힘들게 억지로 일을 하면서 낮은 임금을 받는 사람들을 의미하는 것처럼 보인다. 2016년 《경향신문》에서 초등학생을 대상으로 한 설문 결과, 62.7퍼센트의 어린이가 노동은 강제적으로 해야 하는, 괴롭고 싫은 것으로 인식하는 것으로 조사되었다. 어린이뿐만이 아니다. 청소년들 역시 자신의 꿈은 노동자가 아니라고 대답한다.

같은 해 천주교 서울노동사목위의 〈서울대교구 주일학

교 청소년들의 노동인식 및 아르바이트 실태조사〉에서도 의사, 교사, 경찰관 등을 노동자로 인식하는 비율은 35퍼센트, 경비원, 농부, 마트 계산원을 노동자로 인식하는 비율은 70퍼센트에 육박했다. 2017년 광주광역시 정책토론회에서 발표된 〈청소년노동인권 의식 및 노동실태 조사 결과에 따른 대안 모색〉에 의하면, 청소년들은 육체노동을 하는 건설현장 노동자(80퍼센트), 택배기사(90.1퍼센트), 농부(79.2퍼센트) 등은 거의 대부분 노동자로 인식했지만 의사, 교수 등 화이트칼라를 노동자로 보는 응답은 50퍼센트 미만이었다.

이들이 자라 성인이 된 2023년, 그들의 인식은 크게 변화했을까? 그렇지 않은 듯하다. 이렇게 노동하는 시민으로 사회에 진출할 미래 세대의 인식에서 노동은 부정적인 이미지로 각인되어 있다. 왜 이런 편견이 만연하게 된 것일까? 가정에서 하는 '밥상머리 교육' 때문일까? 그런 것 같지는 않다. 이런 현상은 단순히 사회적 경향성에 의한 것이 아니라 구조와 질서에 기반한 것임을 증명하는 사례가 있다.

범죄자 수배 전단에서 흔하게 사용되던 문구 '노동자풍'. 국가가 나서서 사회 전반에 '노동자 = 범죄자'라는 등

『여러분의 신고와 제보가 사건해결의 결정적 단서가 됩니다』

강도사건 용의자 수배
(현상금 100만원)

인 상 착 의

- 갑)용의자 30대 후반에서 40대 초반의 남자
  - 상의 베이지색 계열의 모자달린 패딩 잠바 착용
  - 하의 진한 회색 계열의 면바지, 검정색 캐주얼화 착용
  - 신장 180cm가량, 노동자 풍의 마른체형, 마른 얼굴
- 을)용의자 40~50대 남자, 보통체격 이하불상

사 건 개 요

10. 11. 09. 22:30경 부산진구 송공삼거리 연근 노상에서 용의자들이 피해차량을 충격 후 사고처리를 빙자 차량에 탑승 한 뒤 칼로 위협 피해자 카드로 현금 64만원을 인출 도주한 것임.
※ 신고·제보자에게는 보상금이 지급되며 비밀 및 신변은 철저히 보호합니다.

한 지역 경찰서의 범죄자 수배 전단지. 강도 용의자의 외모를 '노동자풍'이라고 묘사하고 있다.

식을 성립시키는 공식 문서는 불과 10여 년 전인 2011년까지 행정적으로 생산되었다. 그래서인지 노동이라는 단어보다는 근로라는 단어가 더 활용되기도 하고 자연스러워 보이기까지 하며 '노동자'라는 표현을 쓰면 왠지 현 사회에 불만을 지니고 있는 것처럼 인식된다. 그렇다면 국립국어원의 표준국어대사전에는 노동과 근로라는 단어의

의미를 어떻게 설명하고 있을까?

이와 관련하여 1997년 《샘터》라는 잡지에 실린 어느 한문학(漢文學) 박사의 '노동과 근로의 차이'에 대한 글을 소개해 본다.

"70년대만 하여도 노동자라는 말을 쓰면 마치 반정부 인물 같은 아주 불순한 사람으로 여겼으며 그런 언어의 뉘앙스가 오랫동안 지속되었다. 그래서 당시에는 주로 근로자(勤勞者)라는 말을 썼다. 근로자라는 말은 '열심히 일하는 사람'이라는 뜻이다. 열심히 그러니까 게으르거나 파업을 하는 것은 근로자라고 할 수는 없다는 의미가 들어 있다. 정부나 기업가들이 이 말을 아주 애용하였던 까닭을 알 수 있다."

표준국어대사전에 제시된 노동과 근로에 대한 의미를 살펴보면, 한국 사회에서 '노동'을 바라보는 관점과 철학이 어떻게 작동하고 있는지, 노동에 대한 사회의 통념적 이미지를 어떠한 방향으로 형상화시키고자 하는지, '노동'이라는 가치 안에 무엇을 질서화시키고 구조화시키고 싶어 하는지, 또 한국 사회에서 노동을 어떻게 교육하고 활용하는지 예측 가능하다. 즉 권력자나 권력 집단이 자신

노동[勞動]

1. 명사. 몸을 움직여 일을 함.
2. 명사(경제). 사람이 생활에 필요한 물자를 얻기 위하여 육체
   적 노력이나 정신적 노력을 들이는 행위

근로[勤勞]

1. 명사. 부지런히 일함

들의 생각을 구조화·질서화시켜 주도권을 장악하고 영향력을 행사하는 힘으로서 헤게모니ⁿ권를 장악하고 있다는 것을 알 수 있다.

인간은 왜 일을 하는가? 육체적·정신적 노력을 들이는 행위를 하는 목적은 무엇인가? 아마도 노동에 대해 부정적으로 생각하는 이들은 "힘들어 하고 싶지는 않지만 먹고사는 문제, 의식주를 해결하기 위해서"라고 대답할 것이다. 반면, 노동을 긍정적으로 바라보는 사람들은 "노동을 통해 '나'의 의미를 찾고 꿈을 실현시킬 수 있기 때문"이라고 응답할 것이다.

과연 정답은 무엇일까? 어느 한쪽을 선택하는 것은 단편적 시각인 것처럼 보인다. 노동은 먹고사는 문제를 해

결하는 수단일 뿐만 아니라 '나'의 의미를 확장시켜 줄 수
있는 그 무엇이 되어야 한다. 그럼에도 어떤 사람은 첫 번
째를 답이라고 생각할 수 있고, 어떤 사람은 두 번째 대답
을 선택할 수 있다. 그렇다면 이에 대한 현명한 답은 어떻
게 찾을 수 있을까? 그것은 의외로 간단하다. 질문을 바
꾸면 된다.

먹고사는 것만 해결하면 당신은 행복해질 수 있는가?

'사람이 먹고사는 문제만 해결되면 그만이지 더 무엇을
바라는가?'라는 생각으로 첫 번째 대답을 선호하는 사람
들은 인간을 경제적 동물로 국한시키는 것에 초점을 맞춘
다. 몸을 움직여 일한 노동에 대한 보상은 생활에 필요한
물자를 통해 '먹고사는 것만 해결할 수 있는 수준'이면 충
분하다.

두 번째 대답, 인간의 행복은 먹고사는 것 이상으로 '나
를 실현시키는 것에 있다'는 답을 선호하는 그룹은 인간을
경제·정치적 동물이라고 여긴다. 이에 대한 여러 가지 근
거가 있지만 대표적으로, 인간이 언어를 이용해 사고하는

능력을 지닌 유일한 동물이라는 점을 가장 핵심적인 이유로 꼽는다.

아리스토텔레스는 '가장 고귀하면서도', '가장 궁극적이면서도', '가장 신적인 능력'으로 인간의 지성을 꼽았다. 지성은 인간에게만 있는 독특한 능력이다. 그 어떤 신체적 능력보다도 인간의 본성과 깊이 관련되어 있으며, 이 지성을 이용해 인간은 행복을 실현할 수 있다고 설명한다. 만약 인간이 스스로 사고하고 판단할 수 있는 능력으로서의 지성을 제대로 사용할 수 없거나 실현할 수 없는 경우에는 결코 행복해질 수 없다.

인간은 행복달성을 위해 지성적 사고와 판단을 바탕으로 신체적 활동을 펼쳐 나가는 이성적 존재다. 이성적 능력을 활용하기 위한 조건은 하위 영역으로서 기본적인 신체 능력에 있다. 의식주가 충족되지 않으면 신체 활동에 제약을 받고, 이것은 이성적·합리적 판단에도 영향을 미친다. 그러므로 '경제적 동물'이라는 개념은 인간이 행복을 달성하기 위한 필요충분 조건이지 그 자체가 목적이 되어서는 안 된다.

이에 공동체는 인간을 경제적 동물에 국한시키는 것이 아니라 정치적 동물로 성장하도록 그 역할을 제대로 해야 한다. 인간이 정치적 동물로 성장한다는 것은 자신의 이성적 능력을 자유롭게 발휘하여 행복을 달성시킬 수 있도록 공동체의 책임과 역할을 요구하는 시민이 되는 것이다.

정치적 동물로서 인간이 지닌 정치적 행위의 도구는 언어다. 합리적 이성과 지성을 발화시키는 도구로서 자신의 목소리를 내되 '좋은 공동체의 역할과 책임'을 요구해야 한다. 공동체 본연의 목적인 인간의 행복이 실현될 수 있도록 책임과 역할을 해야 한다고 주장하는 것을 정치적 동물로서의 인간은 자각해야 한다. 그리고 이에 대해 자신의 언어로 끊임없이 표현해야 한다.

그러나 만약 먹고사는 문제를 해결하기 위한 것만으로도 버거운 삶을 짊어지게 된다면? 그런 상황이라면 행복 달성에 대한 공동체의 책무를 운운하는 것이 쉬운 일이 아닐 것이다. 오직 나와 가족의 먹을 것만이라도 확보해야 하는 급급한 상황에서는 그 어떤 여유도 가질 수 없기 때문이다.

액션으로서, 노동을 하는 이유

2022년 10월 5일 오전 6시 20분쯤 경기도 평택 소재의 P사 제빵공장에서 20대 여성 A씨가 소스혼합 기계에 몸이 끼어 사망하는 사건이 발생했다. 이 공장에서는 불과 일주일 전에도 이와 같은 유사한 사고가 B씨에게도 발생했었다. 비정규직이면서 파견직인 B씨의 손 절반이 20분가량 벨트에 끼이는 사고였으나, 천만다행으로 생명에는 지장이 없었다.

회사는 '파견 근로자에 대한 책임이 없다'면서 B씨에게 지정병원으로 알아서 가라고 했다. 그리고 일주일 후 A씨가 사망하는 사고가 발생한다. A씨가 당한 사고의 원인은 소스혼합 기계의 덮개를 열면 자동으로 멈추어 조작자에게 위해를 끼치지 못하도록 하는 자동방호장치인 인터록 interlock이 없었기 때문이었다.

사망사고 다음 날 사고가 발생한 배합기 옆에서 동료 노동자들은 평소와 다름없이 작업을 재개해야 했다. 고용노동부가 9대의 소스혼합기 가운데 인터록이 없는 7대에 대해서만 작업 중지 명령을 했다는 근거를 내세워 동료의 사고를 목격한 노동자들에게 나머지 2대의 배합기에서 작업을 진행하도록 업무를 지속시킨 것이다.

동료 노동자가 사망한 지 하루 만에 겨우 칸막이 하나 설치하고 작업을 강행시켰다. 이와 같은 산업재해 사고에 대한 기업의 대처 방식은 비단 P사만의 일이 아니다. 유사한 작업장에서 동일한 유형의 사망 사고가 연이어 발생한다. 많은 노동자들이 여느 때와 같이 출근했다가 갑자기 유명을 달리하거나 갑작스러운 사고로 장애를 입고 평생을 살아가는 것이 우리에겐 왜 이상하게 보이지 않는가?

가족들에게 닥친 불행 역시 말로 표현할 수 없다. 잘 다녀오겠다고 인사하며 출근한 자식이나 배우자, 부모의 퇴근을 영영 맞이하지 못한다. 행복을 꿈꿨던 가족의 희망은 절망으로 바뀌고 제대로 된 사과와 보상도 받지 못한 채 체념 속에서 하루하루를 간신히 버텨 나간다.

행복을 달성하기 위한 출근이어야 하고 행복달성을 지속할 수 있는 퇴근이어야 한다. 먹을 것만 해결하기 위해 출근하는 것이 결코 아니다. 존엄한 인간으로 존재할 수 있는 환경이 조성될 때만 노동 현장은 행복을 달성하는 공동체의 작업장이 될 수 있다.

독일에서는 건설현장이 안전하지 못하다고 판단되면

모든 작업을 중지시킨다. '작업장이 **위험하다**'가 아니고, '작업장의 안전이 보장되지 않았다'는 것이 작업 중지의 기준이다. 감독관이 수시로 현장을 방문하여 안전을 점검한다. 감독관은 노동자와 사용자 동수로 구성된 재해보험조합에서 공동 운영하여 파견한다.

노동자와 사용자의 의견을 정확히 반반씩 담아낼 수 있는 책임을 가지고 있고 언제든 안전하지 못한 작업장의 모든 것을 멈출 권한을 가지고 있다. 이것이 가능한 것은 노동 현장에서의 안전에 대한 인식이 확고하기 때문이다. 작업장에서는 차량 동선에도 엄격한 규정을 적용한다. 그래서 작업장에서 차량은 절대 후진하지 못하고 한 방향으로만 운행해야 한다.

그만큼 일하는 곳은 철저하게 '안전해야 한다'는 것을 철칙으로 삼는다. 안전이 지켜지지 않았을 때, 이로 인해 사고를 당하게 된다면 개인과 가족에게는 되돌릴 수 없는 트라우마를 남기고 불행한 삶을 살아가게 되기 때문이다. 어떤 누구도 행복하기 위해서 일을 하지 불행해지기 위해 일을 하는 것이 아니라는 상식이 지배하고 있다.

이윤의 가치로 노동에 접근하는 것이 아니라, 사회적 가치로 노동의 권리를 모두가 나누도록 해야 한다. 노동의 사회적 가치란, 기본적으로 인간은 노동을 통하여 의식주를 확보함과 동시에 자신의 성장도 추구하는 것을 의미한다. 직업이라는 역할을 통해 공동체 구성원으로서 사회에 기여하면서 자신과 자신의 가족뿐만 아니라 타인과 다른 가족의 행복도 함께 달성시켜야 하는 의무와 책임이 있다는 공동체적 의식이다.

노동의 본질은 인간으로서 존엄성이 실현될 수 있는 활동, 액션Action이다. 액션에는 나와 가족의 행복을 달성시킬 수 있는 권리의 의미가 내포되어 있다. 노동을 한다는 것은 물질적 대가를 받는 것뿐만 아니라, 안전하게 일할 수 있는 권리, 차별 없이 평등하게 일할 수 있는 권리 등을 보장받는 것을 모두 포함한다.

만약 이것을 보장받지 못한다면 공동체의 작업장과 노동현장은 오직 기업과 사업주만의 이윤을 추구하는 곳으로 변질될 것이다. 노동자가 일하다 다치는 안전사고는 마치 기계 부품 하나가 고장 난 상황으로 인식될 것이다. 이런 곳에서는 기계를 교체하듯 새로운 사람으로 교체한다. 다시 기계가 돌아가듯 작업장은 언제 그런 일이 있었느냐는 듯이 상품을 생산해 낸다.

인간이 기계화되는 것을 거부하는 것이 활동Action으로서의 노동이다. 활동으로서의 노동이란, 부당한 억압이 작업장에서 가해질 때 그것을 물리치고, 차이가 차별로 작용할 때 그것에 저항해야 하며, 노동이 착취당할 때 착취 구조를 바꾸게 하는 의식과 행동을 결합한 의지이다. 작업장의 위험을 방치하면 '공동체도 위험해질 수 있기'때문에 연대해야 한다는 것이 활동으로서의 노동이다.

《인간의 조건》이라는 저서로 유명한 독일의 철학자 한나 아렌트Hannah Arendt, 1906~1975는 이것이 동물의 먹이활동과는 근본적으로 다른 노동의 가치라고 역설한다. 나의 생존만을 위한 것이 아니라, 공동체의 행복달성에도 기여하는 인간의 노동은 동물이 생존과 번식을 위해 먹이를 구하는 것과는 본질적으로 다른 활동이라고 보았다. 그러나 한국 사회에서 노동의 가치는 생존을 유지하는 것에만 국한되도록 '신분질서'와 '환경 구조'에 의해 그 가치가 평가 절하된 듯하다.

나의 노동에 부당한 억압이 가해질 때 거부할 수 있는가? 동일한 작업장에서 동일한 노동임에도 정규직, 비정규직이라는 계약조건으로 차별당할 때 저항할 수 있는가? 하지 않아도 되는 일을 하면서 착취당할 때 제대로 태업할 수 있는가? 이 모든 부정의에 대해 가능하도록 한 부당한 노동계약의 원인을 없앨 수 있는가? 혹시 '을'이라는 신분 때문에 불이익을 당할까 봐 구석에서 조용히 그 모든 것을 참고 있지는 않은가?

안전규칙을 무시한 작업 환경은 주변을 위험하게 만들 수 있다고 제대로 말을 할 수 있는가? 동료 시민들과 연대하여 유해 공해와 폐수 방류 거부 활동 등과 같은 행동으로 공동체의 행복을 지켜 낼 수 있는가? 지금 우리 한국 사회의 노동 현실은 어떤가? 부당한 억압, 차별, 착취 등에 대해 '노No'라고 말할 수 있는 기회와 여건 조성이 충분히 갖춰져 있는지 생각해 볼 일이다.

노동에 대한 예의, 필라델피아 선언

노동계약을 맺는 방법에는 두 가지가 있다. '1대 1'로 노동계약을 맺는 방법과 '집단 대 집단'으로 노동계약을 맺는 방법이다. 1대 1은 개별 노동자가 우월적 지위에 있는 사용자와 갑과 을의 관계로서 노동력 제공에 대한 보상을 받는 노동계약을 의미한다. 1대 1 노동계약에서는 내가 받는 임금, 수당, 성과금 등 고용조건에 집중할 수밖에 없다. 이 계약은 노동자를 마치 먹이활동에만 집중하는 수동적 인간의 지위로 바라본다.

나를 고용한 고용주의 요구를 수용할 수 밖에 없는 수동적인 존재로 전락한다. 해고되지 않고 우리 가족을 위해 소비 능력을 충당하려면 불평등한 관계를 묵묵히 받아들이고 '부지런히' 일만 해야 한다. 이로써 부당한 권력 관계의 구조화와 고착화를 당연하게 받아들일 수 밖에 없게 된다. 이런 조건들을 토대로 하여 사용자는 노동자끼리의 경쟁을 유발한다.

기업의 이윤을 최대화하기 위해 경쟁 기제를 강하게 작동시킨다. 어쩔 수 없이 동료 노동자와 시민들은 나의 경쟁 상대가 된다. 고용주는 회사의 이익과 주주의 배당을 늘리기 위해 경쟁은 당연하다며 경쟁에서 낙오되지 않고 끝까지 살아남으라고 독려한다. 세상과 사회를 바라볼 때 경쟁은 당연한 선택의 기준이 되고 수동적 존재로서의 나는 그것을 받아들일 수밖에 없다. 그래야 살아남을 수 있으니까.

이와는 반대로 집단 대 집단으로 노동계약을 맺는 것은 집단화된 노동자와 힘 있는 사용자가 대등하게 계약을 맺는 것을 의미한다. 헌법에서는 집단 대 집단으로서의 노동계약을 단체협상이라 명명하며 그것을 노동자의 권리로 보장한다.

이 계약을 통해서는 노동자가 임금뿐만 아니라 작업장의 안전도 요구할 수 있다. 사용자의 부당한 억압이나 차별, 착취와 같은 불평등한 관계를 해소할 수 있는 권리에 대해서도 목소리를 낼 수 있다. 동료 노동자와 '경쟁'이 아니라 '연대'를 통해 '권리를 나눔'하게 된다.

'누군가'로 초점이 맞추어져 있던 공동체에 대한 관점이 '누구나'로 바뀌게 되면서 '나'도 그 '나눔'에 참여할 수 있다는 확신에 찬 주체적인 존재로 인식해 나간다. 기업이 벌어들인 이윤은 공동체의 소비에 기반하기에 공동체를 위한 사회연대기금으로 환원해야 함을 요구할 수 있다.

공적 소비에 들어가는 사회적 비용을 시민들의 자선과 후원으로 충당하기보다 소비자인 시민으로부터 벌어들인 기업의 이익을 시민의 권리로 나누도록 하는 제도 및 법률을 만들어 나가는 것. 이것을 위해 주체적으로 정치권에 영향력을 행사하여 조금씩 구조를 바꿔 나가는 것이 시민권적 노동의 권리 나눔이다.

노동이 액션으로 보장된다는 것은 독일의 사례처럼 노동자가 참여의 주체가 되어 사측과의 파트너십이 형성되었다는 것을 의미한다. 안전에 대한 규정, 작업장 환경의 구조적 문제에 대한 개선을 비롯해 사회연대를 위해 노사가 어떻게 기금을 마련하고 사회연대 활동에 어떻게 참여할 것인지를 공동으로 결정한다. 이것이 바로 동등하고 평등한 목소리가 권리로 보장되는 작업장 민주주의이다.

'일만 할 수 있다면 ……' 하는 경제적 동물로 머물러버리는 구조. 이 현실을 수동적으로 받아들이고 인정해야 하는 것이 아니라 시민권적 노동의 권리를 보장받아야 한다. 본래 지니고 있던 정치적 인간으로서 노동자는 주체적으로 권력의 나눔이라는 공동체의 역할을 수행하게 된다.

스위스 제네바에는 국제노동기구ILO 본부가 있다. ILO는 자본주의가 심화됨에 따라 노동이 착취되고 노동자가 억압받는 자본주의 모순을 극복하기 위해 1919년 설립되었다. 187개국의 회원국이 가입되어 있는 ILO는 국제 노동기준을 세워 이것을 지키도록 회원국에 권고한다. 노·사·정 3자로 구성된 총회 및 이사회, 사무국 등이 국가별 노동 문제가 발생하면 적극적인 개입을 통해 노동의 착취와 억압을 개선시키기 위해 노력한다.

ILO 본부의 정문에는 세 개의 열쇠가 꽂혀 있다. 각각의 열쇠는 조직된 노동, 사용자, 정부 등 노사정 3주체를

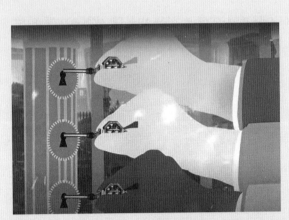

사진 출처: 국제노동기구 유튜브 영상 캡처

세 개의 열쇠가 함께해야만 문이 열린다는 메시지를 전하고 있다.

상징한다. 노·사·정은 우리 사회를 지탱하는 공동 주체라는 것, 이들이 각각의 역할을 수행하면서도 사회적 문제를 함께 해결해야 통합의 문이 열린다는 것을 상징하는 것이다.

그렇다면 이들이 협력해서 열어야 하는 문은 어떤 것인가? 그것은 바로 사회정의의 문이다. 사회정의는 공정하게 부와 권력, 권리 등 모든 사회적 가치를 민주적 방식에 의거하여 평등하게 나누는 것이다. 공동체의 부는 공동체 구성원의 노동으로부터 창출되므로 부의 총량은 공동체의 인적 구성의 총량과 같다. 권력의 총량 역시 모든 권력이 국민으로부터 나오므로 공동체의 인적 구성과 총량적 측면에서는 동일하다.

이에 부와 권력은 공동체 구성원 모두에게 공정하게 분배되어야 하며 이를 위해 노·사·정 3자가 상호 협력해야 하는 책임과 역할의 균형이 이루어져야 한다. 그리고 무엇보다 이 역할의 중심에는 국민으로부터 권력을 위임받은 국가가 있다. 국가는 그 운영 방식에 대하여 민주적 절차와 방식으로 확고히 만들어야 한다.

노동이 창출한 사회적 가치에 대한 동등한 권리의 나눔을 국제적으로 제안하고 약속한 역사적 사건이 있었다. 제2차 세계대전 중 국제사회는 곧 전쟁이 끝날 것이라는 예상과 함께 전후戰後 사회의 모습은 어떠해야 하는가에 대해 고민하게 된다. 자본주의체제하에서 노동은 왜 존중되어야 하며, 인간의 본질적 권리를 지키기 위해서는 어떻게 해야 하는가에 대한 공식적인 논의가 이루어졌다.

제2차 세계대전이 끝나기 약 1년여 전인, 1944년 5월 ILO는 미국 필라델피아에서 국제 회의를 개최하고 '필라델피아 선언'을 채택한다. 노동에 관하여 국제사회가 지켜야 할 공동체의 규범을 제시한 것으로, 첫째 "노동은 상품이 아니다"라는 것이다. 노동이 비록 계약관계로 거래되기는 하지만, 노동은 인간이 보유한 능력이며 인간 그 자체를 의미하는 본질이므로 노동을 상품으로 취급한다는 것은 인간을 상품으로 취급하는 것이므로, 결국 시장이 인간을 지배하게 되어 버린다. 그렇기에 노동은 결코 상품이 되어서는 안 되며, 보호받아야 할 행위가 된다.

그렇다면 노동을 어떻게 보호할 것인가? 노동에 대한 보호를 위해 두 번째 조항 "표현의 자유와 결사의 자유는 부단한 진보의 필수불가결한 조건이다"를 제정한다. 개별의 노동이 아니라 조직된 노동으로 불평등에 반대할 수 있는 의견과 이견의 목소리를 내고, 권리를 빼앗기지 않는 목소리를 낼 있도록 법으로 보장해야 한다.

ILO는 필라델피아 선언을 통해, 만약 이것이 지켜지지 않을 경우 공동체는 중대한 위험에 빠지게 된다고 하면서 세 번째 조항으로 경고한다. "일부의 빈곤은 전체의 번영을 위태롭게 한다"라면서, 그 누구도 '누구나'에서 소외되지 않아야 한다고. 만약 소외되면 결국에 누구나 빈곤한 '누군가'가 될 수 있다는 메시지를 강력하게 던지고 있다. 그리고 네 번째 조항으로 다음을 천명한다.

"결핍과의 투쟁은 각국에서 불굴의 의지로, 그리고 노동자 대표와 사용자 대표가 정부 대표와 동등한 지위에서 공동선의 증진을 위한 자유로운 토론과 민주적인 결정에 함께 참여하는 지속적이고도 협조적인 국제적 노력에 의해 수행되어야 한다."

산업적 시민권과 작업장 민주주의

인간이 경제적 동물로 제한되면, 인간은 수동적 존재로 위치지워진다. 작업장에서 생산되고 시장에서 소비되는 과정, 작업장과 시장으로 이어지는 끊임없는 순환 속에서 개인의 노동은 상품으로 변질되기 때문이다. 주체가 결여된 이러한 수동적 인간의 모습을 시장자본주의는 최고의 인간상으로 대우하고 있는 것처럼 보인다.

그러나 정치적 인간으로 확장되면 작업현장에서 함께 참여하고 이런 과정을 통해 서로 토론하고, 토론을 통해 연대한다. 그래서 다시 작업장 운영에 참여하고, 기업과 동등하게 권리를 나누고 그 권리를 사회적 연대를 위해 연쇄적으로 발전시키면서 민주적 공동체 운영을 위한 정치적 인간의 모습으로 진화한다.

민주주의는 이러한 주체적인 인간의 모습을 최고의 인간상으로 규정함으로써, 시장자본주의와의 극명한 차이를 드러낸다. 이것을 산업적 시민권이라고 한다. 노동을 통한 연대의 나눔, 이것을 목표로 하는 산업적 시민권을 가진 공동체의 모습. 이것은 누구나 소외되지 않는 공동체의 행복달성을 위해 필수불가결한 요소이다.

산업적 시민권을 가진 공동체에 대한 아이디어는 비단 머릿속에서만 머문 것이 아니다. 노동이 액션과 함께 어우러질 수 있도록, 작업장 민주주의가 발현되고 시민권적 노동이 보장될 수 있음을 제시한《베버리지 보고서_{Beveridge Report}》가 등장한 것이다. 이를 작성했던 경제학자 윌리엄 베버리지_{William Henry Beveridge, 1879~1963}의 이름을 딴 이 보고서의 본래 제목은 '사회적 보험과 관련 서비스'이다.

이미 제목에서 그 주요 내용이 드러나듯이, 보험은 보험이되 국가가 운영하는 사회보험, 그리고 국가가 제공하는 서비스에 대해 논의한《베버리지 보고서》는 필라델피아 선언과 그 맥락을 같이한다. 사회보험으로 상징되는 국민연금, 의료보험, 산재보험, 고용보험 등은 국가가 노동권을 인정함과 동시에 보장하는 기본 제도이다.

정부 보고서임에도 내용이 너무 진보적이어서 윈스턴

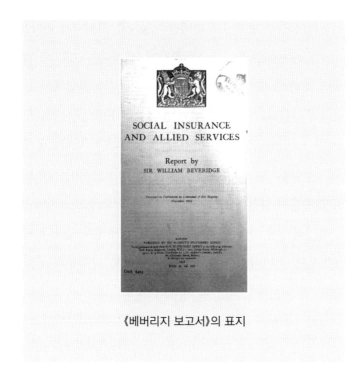

《베버리지 보고서》의 표지

처칠Winston Leonard Spencer-Churchill, 1874~1965의 보수당 정권은 베버리지의 보고서를 심각하게 생각하지 않았다. 당연히, 이 보고서의 내용으로 국가 운영의 기본 틀이 재구성될 것이라고 누구도 예상하지 못했다.

그러나 영국의 노동조합으로 조직된 시민들은《베버리지 보고서》의 내용을 두고 치열하게 토론하며 "이 정도의 보고서 내용이면 국가 운영의 기본 틀로 삼아야 한다"고

선언하며 정부 보고서를 채택한 노동당을 지지하게 된다.

노동하는 시민과 노동조합조직이 《베버리지 보고서》 채택에 대한 정치적 의견을 견지한다. 그 결과 '요람에서 무덤까지'라는 복지국가의 체제가 인류역사에 등장하게 되고 지구 반 바퀴쯤 돌아 아시아의 작은 나라, 대한민국에서도 《베버리지 보고서》의 내용을 기본 틀로하여 사회보장 체계를 구성한다.

복지국가란 노동 영역에서 사회보장 체계가 얼마나 체계적으로 갖춰져 있느냐로 가늠된다. 즉, 작업장의 불평등한 권력 관계를 집단적 계약 관계로 전환하고 노동의 조직화, 시민권 나눔의 연대가 노동을 통해 이루어진 결과가 바로 복지국가인 것이다. 그러나 대한민국에서 시민권적 노동의 권리 나눔은 위기를 맞이하고 있다. 모든 노동이 공동체를 위한 노동임에도 불구하고 차별적인 임금, 작업장의 차별적인 안전, 차별적인 복리후생이 당연시된다. 노동에 가치가 매겨지고 가치는 쪼개져서 가격으로 책정된다.

이것을 극복하기 위한 최선의 방법은 노동조합이라는 조직된 노동으로 지켜 내는 것이다. 근본적이고 기본적인 방법은 작업장 민주주의이다. 이것을 사회연대로 확장시켜 시민과 노동의 연대를 통한 권리의 나눔이 정치적으로 발현되도록 해야 한다. 내가 일하는 작업장에서 내가 속해 있는 공동체로 확장시키고 모든 시민을 위한 연대로 사회임금운동을 펼치는 것, 누구나 걱정 없는 기본적 의식주와 자아실현으로 품위 있는 삶을 영위할 수 있도록 해야 한다.

누구나 평등하게 이용할 수 있는 사회서비스, 공공교통, 공공의료, 공보육, 공교육, 공공주택 등과 같은, 공공정책이 노동하는 시민들을 위한 사회정책 확대로 펼쳐져야 한다. 이것이 행복달성을 위한 공적 분배라고 할 수 있다.

어떻게 자가로 집을 소유할 수 있는가

– 행복주택과 행복정책 –

"집이 어떤 의미냐고? 내가 가장 안전하다고 느끼는 곳,
어딘가로 이동하지 않고 머물러도 된다는 느낌, 임시적이지 않은 곳 같다."
–영화 〈나의 집은 어디인가〉

6년간의 연애 끝에 결혼을 준비하면서 전셋집을 구한 청년 A씨는 무리하게 대출까지 받았다. 이른바 '영끌'영혼까지 끌어모아'를 줄인 신조어로, 부족한 돈이나 물건 등을 모두 끌어모아 값을 치러 낸다는 의미로 전셋집을 계약하였다. 대출 규모가 워낙 컸지만, 공기관에 취업하여 안정적인 노동 소득을 유지하고 있는 여자 친구와 상의 끝에, 앞으로 갚아 나가면 된다고 판단하여 과감하게 결정했다.

하지만 결혼을 코앞에 둔 현재 생활은 참담하기 이를

데 없다. 전세값이 집값보다 높은, 일명 '깡통전세'로 계약했다는 것을 알게 되었기 때문이다. 엎친 데 덮친 격으로 치솟는 금리에 대출이자 부담 또한 매우 커지고 있어 하루하루가 불안하다. 연일 뉴스에 나오는 '빌라왕'의 깡통전세 주택 사기 관련 소식을 접하면서 피해자가 자신만이 아니라는 것을 알게 되었다.

영끌, 갭투자 그리고 빌라왕

1천 139채의 빌라와 오피스텔을 보유하던 사람이 전세보증금을 돌려주지 않고 숨지는 사건이 발생했다. 피해자들이 여기저기서 속속들이 나타나고 있다. 동일한 수법의 사건들이 연일 뉴스에 나온다. 조직적인 범죄 형태로 움직이는 빌라왕 사건의 피해자는 주로 20~30대 청년이 대다수를 차지하고 있다.

영끌 혹은 '빚투'신조어로 '빚을 내서 투자한다'의 줄임말라는 말까지 나온 배경에는 정상적인 임대사업이 아닌 갭투자시세차익을 목적으로 주택 매매가와 전세가의 차액(gap)이 적은 집을 고른 후에, 전세 세입자를 구하고 그 전세 세입자가 들어갈 주택을 매입하는 것가 있다. 다주택자의 성공은 노동소득에서 희망을 잃은 청년이나 신혼부부들로 하여금 갭투자에 나서도록 만들면서 신화가 되었다. 부동산 시장 상승 국면에 '패닉 바잉', 즉 공황 구매로 집을 샀다가 높은 이자의 대출 상환 부담을 떠안게 된 피해자는 부동산 거래 경험이 적은 30대(50.9퍼센트)와 20대(17.9퍼센트) 청년층이 대다수이다. 지역별로는 서울이 52.8퍼센트로 가장 많았고, 인천(34.9퍼센트)과 경기(11.3퍼센트)가 그 뒤를 잇고 있다2022년 12월 20일 국토교통부의 대한민국 정책 브리핑.

대한민국의 미래를 이끌어야 할 2030세대, MZ 세대1981~1995년생인 밀레니얼(M)세대와 1996~2012년생인 Z세대를 묶어 부르는 신조어가 빚에 허덕이고 있다. 최근 몇 년간 부동산, 주식 가격이 가파르게 상승하면서 이때 자산을 모으지 못하면 벼락거지, 낙오자가 될 수 있다는 불안이 사람들을 지배했다. 인터넷에 넘쳐나는 다양한 정보 등을 바탕으로 영끌과 빚투를 마다하지 않았다. 그리고 이제는 대한민국 역사상 가장 많은 빚을 진 2030이라는 수식어를 얻었다.

경기 위축과 함께 일자리 찾기는 힘들어지고 금리 상승 속 빚 상환 부담은 점차 늘어나면서 청년층의 빈곤 탈출은 점점 더 어려워지고 있다. 한국은행의 통계에 의하면, 2022년 2분기 말 기준 전체 가계부채 가운데 30대 이하의 비중은 27.3퍼센트로 집계됐다. 2018년 25.6퍼센트에서 2021년 27.1퍼센트로 상승한 데 이어 2022년에도 상승세를 지속하였다.

2030세대는 부동산 및 증시·코인 폭락, 금리 상승이라는 덫에 걸리면서 빈곤층으로 전락하는 상황을 맞이하고 있다. 2022년 11월 한국사회보장정보원사회보장정보시스템을 운영하기 위해 설립된 보건복지부 산하 위탁집행형 준정부기관에 따르면, 기초생활수급자로 선정돼 정부 지원을 받는 20~30대 젊은 층이 최근 5년 사이 약 2배 가까이 증가하고 있는 추세라고 한다.

2022년 7월 기준 20~39세 기초생활수급자는 24만 5천 711명이다. 복지 시설 등에 입소한 인원을 제외하면 23만 6천 744명의 20~30대가 기초생활수급자 지원을 받고 있다. 5년 전인 2017년 16만 2천 750명과 비교하면 51퍼센트포인트나 증가한 수치이다. 소득 인정액이 중위소득의 30~50퍼센트 이하로 최저생계비에 미치지 못하면 기초생활수급자로 선정될 수 있다.

청년주택과 빈민아파트

"청년주택과 사생활을 공유하는 것도, 주차장도, 아파트도 나눠 쓰고 싶지 않습니다."

이 문구는 청년층의 주거 부담을 덜어 주기 위한 취지로 청년주택 사업이 추진되자 지역사회에서 주민들이 반발하며 내세운 '청년주택 반대' 구호이다. 청년주택을 혐오시설인 것처럼 여기는 님비nimby, 내 뒷마당에는 안 돼(Not In My Backyard)의 약자로, 지역 이기주의를 표현하는 용어 현상이 심화되면서 '빈민아파트'라는 표현까지 나왔다.

이미 어떤 지역사회에서는 주민들의 극심한 반발로 청년 행복주택 사업이 무산되기도 했다. 2013년 국토교통부는 서울시의 A구區에 행복주택 시범지구를 지정해 발표했다. 그러나 주민과 지방자치단체의 거센 반발로 소송까지 벌어지자 국토교통부는 2년 만에 행복주택 시범구역 지정을 취소했다. 그로부터 5년이 흐르는 동안, 미디어를 통해 청년들의 불행한 삶을 목격했지만 바뀐 것은 하나도 없었다.

2018년에도 서울시 B구 중심가의 전철역 인근 지역에 청년주택 건설계획이 발표되자 인근 아파트에서 '임대주택이 들어선다는 사실 자체가 집값을 떨어뜨리는 요소가 될 수 있다', '청년들끼리 살다 보면 아무래도 치안이 안 좋아지지 않을까 걱정된다', '집 거실과 거실이 바로 마주보는 상황이 예상된다. 심각한 재산 피해다' 등을 근거로 '빈민아파트 도입을 반대한다'는 주민들의 불만 가득한 주장이 속출하기 시작했다.

이러한 주장들로 인해 청년주택, 행복주택 등의 주거지원 정책은 시도도 못해 보고 난관에 봉착한다. '집값'에 부정적 영향 요인으로 작용할 수 있다는 지역사회의 여론으로 인해 정책당국과 정치권은 주거지원 정책을 축소하거나 중단했다. 결국 청년들은 민간 전세시장으로 내몰릴 수밖에 없었다. 이로써 전세사기 피해와 깡통전세 대란의 절반이 넘는 60퍼센트 이상의 피해가 2030세대에서 나타나게 되었다. 절망에 빠진 청년들이 목숨을 끊는 안타까운 사태가 발생하고 있다.

주거의 문제로 소중한 생명이 희생되는 사례는 또 있다. 2022년 8월 수도권 등 중부 지방에 기록적 집중호우가 발생했다. 이때 서울시 관악구의 반지하 주택에 거주하는 일가족이 폭우로 물이 들어찬 집을 탈출하지 못해 안타깝게 사망하는 사고가 발생했다. 반지하 침수 사고와 영화 〈기생충〉에 묘사된 한국 사회의 반지하 가구의 현실이 국제적으로 주목을 받으면서 정부와 지방자치단체들이 반지하 주택에 대한 대책을 앞다투어 쏟아내기 시작했다.

그러나 별로 달라진 것은 없는 것 같다. 반지하 거주 일가족의 안타까운 사고는 여전히 사회적 취약계층이 주거비 부담과 열악한 주거환경으로 생존 자체를 위협받고 있음을 확인시켜 주는 하나의 사례로 인식될 뿐이었다. 서울시에서는 문제를 해결하기 위해 '반지하 일몰제'2022년 8월 서울시가 발표한 주거 목적 용도의 지하·반지하를 전면 불허하도록 하며, 기존 반지하 주택에 대해 순차적으로 없앤다는 계획를 발표하였으나, 단순히 반지하 주택을 퇴출시키는 것만으로는 근본적 대안이 될 수 없다는 사회적 비판이 제기되었다.

한국 사회의 반지하 가구는 서울을 비롯한 수도권 지역에 특히 광범위하게 분포한다. 반지하가 수도권에 몰려 있는 이유는 높은 주거비 때문이다. 반지하는 저소득 및 사회적 저소득층의 중심 주거 공간이다. 반지하 공간은 지상 공간에 비해 임대료가 상대적으로 저렴하다는 매력이 있지만 습기, 채광, 환기 등이 최저 주거 기준 이하의 열악한 공간이 대부분이어서 인간다운 생활을 제대로 영위하기에 부적절하다.

한국 사회에서 '내 소유의 집 한 채'는 '행복의 완성'과 같은 의미이자 삶의 목표로 집주인 눈치 안 보고 살 수 있는 당당한 가족이 되었다는 징표가 된다. 월세와 전세로 떠돌다가 드디어 마련하게 된 내 집. '내 집 마련'에 거의 반평생을 바쳐서인지 부모 세대는 어떻게든 집 한 채 마련해서 자녀들을 결혼시키는 것을 또 다른 인생의 목표로 삼는다. 집이 없어 경험했던 자신의 서러움을 물려주지 않겠다는 바람과 다짐으로.

그러나 언제부터인가 '집 한 칸 장만'은 주거 안정이라는 삶의 목표에서 탈피하기 시작한다. '똘똘한 집 여러 채'가 있으면 그것을 종자 삼아 부를 축적할 수 있다. 집은 돈을 벌 수 있는 최적의 수단으로 그 의미가 바뀌게 되었다. 오르는 집값에 기대어 시세 차익을 누리든지, 전세를 끼고 집을 구입해서 갭투자로 돈을 벌든지 등등.

현재 살고 있는 집과는 별도로 '집＝재산 증식 도구'라는 의미로 자리매김하게 된다. 집은 이제 더 이상 행복달성을 위한 안정된 공간이 아니라 부를 이룰 수 있는 최적의 수단이 되었다. 물론 여전히 대다수 국민들에게 집은

'추위, 더위, 비바람 따위를 막고 그 속에 들어가 살기 위한 건물'이다. 하지만 '집의 용도 변화'는 안정된 주거라는 소박한 꿈을 꾸는 기회를 사라지도록 한다는 것에 문제의 심각성이 있다.

2022년 12월에 발표된 통계청의 〈주거 영역의 주요 동향〉에 따르면, 대한민국은 2020년에 드디어 주택보급률 100퍼센트를 넘어, 103.6퍼센트에 다다르게 되었다. 상식적으로는 주택보급률이 100퍼센트를 넘으니 대한민국 국민이라면 특별한 사유 없이, 웬만하면 자기 집을 소유하고 있을 것이라 여기겠지만 현실은 그렇지 않다. 집이 '주거'의 목적을 상실하고 '거래 상품'으로 바뀌었기 때문이다.

누군가는 이 상품을 다량 소유하고, 누군가는 하나도 가지고 있지 않다. 주택 거래를 통한 이윤 획득의 욕망은 점점 드세어지고 있다. 사회적 현실이 이렇다 보니 통계적 수치로 나타나는 주택보급률과는 달리, 실질적으로 자기 집을 소유한 비율, 즉 주택 자가점유율은 56퍼센트 수준에 머무르고 있다. 또 농촌에 비해 도시의 자가점유율은 절반도 안 되는 40퍼센트 대로 하락한다.

전세 대란의 위험에 대한 전망이 뉴스와 방송으로 송

출되면 사람들은 '이때 아니면 집을 구하지 못하게 되는 거 아닌가?' 하는 두려움에 휩싸이거나, 집이 없는 자신이 마치 사회적 낙오자가 된 듯 여기며 자신의 불행을 한탄한다.

대한민국 주거 문제에서 가장 고통스러운 것은 재개발 지역 원주민의 울부짖음이다. 재개발은 기본적으로 오래되어 낡아진 도시의 기능을 새롭게 구성해 시민들의 삶의 질을 높이기 위한 사업이다. 특히 주거환경이 불량한 지역을 계획적으로 정비하여 노후화된 주택이나 불량 건축물들을 개량해 주거의 질을 높이는 데 그 목적이 있다.

하지만 본래의 의도와는 달리 재개발을 통해 이익을 보려는 '투기' 경향성이 강해지면서 성실한 노동으로 집 한 채 장만할 수 있는 세상은 딴 세상 이야기가 되었다. 현실은 이러한데, 시민을 가장한 투기꾼들은 정부에 끊임없이 요구한다. 주택시장의 활성화를 위한 정부의 구체적이고 실질적인 정책이 필요하다고. 아무도 관심이 없다. 재개발 지역 원주민이 자기 집을 잃고 어디로 가는지에는 …….

집, 거주냐 투기냐

한국의 주택보급률은 100퍼센트를 넘는다. 그러나 실질적으로는, 주택이 부의 축적 수단인 상품으로 변질되어 부동산 투기가 만연할 수밖에 없는 사회적 환경이 고착화되어 간다. 국회나 정부에서도 부동산 투기를 규제하기 위한 법률 개정과 제도 완비에 집중하게 되면서, 정작 중요한 주거의 적절성과 안정성에는 정책적 여력이 미치지 못하고 있다.

한국을 비롯한 자본주의 시장 시스템을 채택하는 대부분의 국가에서 주택정책은 시장 중심적 접근을 취하고 있다. 이는 주택이 지닌 경제·사회적 특성에 따른 것이다. 집의 경제적 특성이라면 무엇보다 사유재산으로서의 성격을 우선적으로 떠올릴 수 있다. 주택은 사유재산이기에 시장의 메커니즘에 의해 이윤을 추구하는 거래 대상이 될 수 있다.

거래에서는 구매하는 쪽과 판매하는 쪽 모두 이윤을 추구한다. 그런데 한편 주택은 모든 개인에게 필수불가결한 삶의 요소이므로 공공재로서의 성격 또한 지닌다. 이 지점에서 충돌이 일어나게 된다. 공공재는 생산과 소비를 시장에만 전적으로 맡길 수 없다. 일정 부분 정부의 개입이 이루어질 수밖에 없다.

복지국가는 인간 삶의 기본적 요소로서 의식주 중 주거 안정을 국가의 역할과 책임으로 강화시키는 것을 첫 번째 목표로 삼고 있다. 생명을 유지할 수 있는 균형 잡힌 먹을 것, 추위와 더위와 오염, 그리고 위험을 피할 수 있으며 최소한의 사회적 표현을 위해 입는 옷, 지친 마음과 몸을 쉴 수 있는 공간인 집은 인간이 살아가는 데 필수적인 요소이다. 이 중 주거는 큰 비용이 투입되는 만큼 행복을 달성하는 데에도 핵심 요인이 된다.

주거를 통한 행복달성은 개인이나 가족의 능력으로만 감당하기에는 쉽지 않다. 집 또는 주택은 개인과 가족이 생활하는 공간을 의미하므로 옷과 먹을 것의 마련과는 다른 차원의 접근이 필요하다. 인간의 존엄을 보장한다는 점에서는 유사하지만, 물리적 주거 공간을 마련하고 생활한다는 것에는 의식衣食의 보장과는 또 다른 차원의 중요한 의미가 내포되어 있기 때문이다.

그렇기에 제2차 세계대전 후에 등장한 복지국가 영국의 핵심 사회정책이 바로 공공주택정책이었던 것이다. 공공주택정책이란, 주택 공급을 최대한 증가시키기 위해 중앙정부가 주택 건설 및 공급을 기획·추진하고, 그 운영에 대해서는 지방정부가 주도하도록 계획하는 대규모 주택 정책이다.

영국에서는 이에 따라, 공공주택의 건설 및 운영에서 지방정부가 중추적인 역할을 담당하도록 하였다. 이를 주도한 인물이 광부 출신의 초대 보건부 장관인 아뉴린 베번Aneurin Bevan, 1897~1960이다. 그는 '모든 국민이 적절하고 안전한 주거를 합리적 비용으로 해결할 수 있도록 해 주는 것'이 국가가 해야 할 주요한 사회정책이라며, 주거를 통한 행복달성을 국가의 핵심 정책으로 설정했다.

이에 따라 양질의 공공 임대주택을 대량으로 건설함과 동시에 민간의 주택 임대에 대해서는 정부가 규제를 강화해 주택시장을 안정화시켰다. 이와 같은 주택정책의 기조와 안정화는 노동당과 보수당이 교차하여 집권한 1970년대까지도 합의의 정치를 통해 지속적으로 유지되었다. 그러나 시장의 기제를 강화시키고자 신자유주의 이데올로기를 앞세운 총리 마거릿 대처Margaret Hilda Thatcher, 1925~2013가 1979년 집권하게 되면서 영국의 '공공주택' 정책은 '주택시장' 정책으로 탈바꿈하게 된다.

신자유주의新自由主義, Neo-Liberalism, 1970년대부터 '자본의 세계화' 흐름을 타고 일어난 경제적 자유주의를 정부운영의 핵심 기조로 내세운 대처 정부는 '공동체성에 기반한 공공성'이라는 정책 기조를 '개인을 중심으로 한 시장성' 강화로 전환시킨다. 이는 개인과 가족의 행복달성을 위한 소비는 각자가 알아서 시장을 통해 구매해야 한다는 것과 다름없다.

개인과 가족의 행복달성을 위한 소비를 정부가 지원하던 정책이 폐기된다는 것은 정부가 제공하던 각종 공공재가 시장의 상품으로 전환된다는 것을 의미한다. 대처 정부는 '모든 것은 시장에서 거래되어야 한다'는 정책기조하에 정부가 운영하며 공공성에 기반해 제공하던 가스, 전기, 통신, 수도 등을 모두 시장에 내다 팔았다.

정부가 보유하고 있던 공공주택 역시 주택시장에 매물로 내놓았다. 주택의 소유를 촉진하기 위해 담보대출을 활성화하고 감세정책을 시행한다. 또한, 민간 임대시장에 활력을 불어넣기 위해 단기임대 제도를 도입한다. 대처는 주택민영화를 중앙정부가 주도할 수 있도록 공식적인 정부정책으로 채택하여 전국적으로 확대시킨다. 지방정부에 지원하던 주택 부문의 보조금을 축소하고 지방정부가 보유하고 있는 공공주택 임대료를 인상하도록 하였다.

그 결과 공공주택 정책에 의해 위축되었던 민간의 주택

시장은 활성화되었다. 대처 정권이 기획하고 실시한 신자유주의적 주택정책은 단순히 공공주택의 민영화에 그치는 것이 아니라, 주택에 대한 개념 자체를 변화시키는 놀라운 결과를 낳았다. 즉, 주거에 대한 국민들의 욕망을 이윤 축적의 욕망으로 전환하여 국가가 담당했던 주거권 보장에 대한 역할에 종지부를 찍는 변곡점을 마련하였다.

이로써, 공공주택은 빈곤 계층이 거주하는 잔여주의적이고 시혜적인 지역사회의 물리적 영역으로 구분되었다. 영국의 자가소유 정책은 주택을 구매한 개인들이 더 행복해질 수 있다는 달콤한 유혹의 미끼로, 시장화 전략을 성공시킨 케이스다. 이 공공주택정책은 여태껏 잔여주의 모델로 낙인찍혀 있다. 이런 결과는 세대와 공간을 넘어, 현재 한국 사회에서 일어나고 있는 '임대단지'에 대한 부정적 이미지의 '조상' 격이 아닐까 하는 추정도 해 볼 수 있겠다.

주거권 보장은 국가의 책무

대처의 영국 정부와는 다른 정책적 방향을 채택한 국가

가 있다. 바로 싱가포르다. 영국의 식민지였던 싱가포르는 1962년 영국 연방으로부터 완전히 독립한다. 독립 이후 싱가포르의 사회정책 발전을 주도한 그룹은 영국 유학파 출신 그룹으로 페이비언 사회주의의 영향을 강하게 받았다.

페이비언 사회주의Fabian Society의 회원으로 노벨문학상을 수상한 조지 버나드 쇼, 영국의 대표적 철학자 버트런드 러셀, 경제학자 존 케인스 등이 적극적으로 활동했음는 영국의 복지국가를 탄생시킨 이념적 기반이다. 페이비언 사회주의는 민주적 방식에 기반한 점진적인 사회개혁을 강조한다. 의회민주주의를 통해 경제적 불평등의 원인인 시장자본주의를 관리하고 견제한다. 이를 위해 노동시민들이 노동조합을 중심으로 연대하고 의회에 진출하여 정당을 결성하고 사회정책 운영의 핵심 역할을 하는 것을 목표로 삼았다.

싱가포르 역시 이와 같은 이념적 배경을 바탕으로 국가 주도의 공공주택정책을 실시하게 되었다. 이로써 중요한 사회간접자본으로서 주택은 공공재라는 인식이 공동체 사이에 더욱 견고해지게 되었다. 정부 주도의 주택 공급이 사회적 안정을 유지하는 데 효과적인 방안으로 제시되었으며, 공공주택 공급을 전담하기 위해 한국의 토지주택

공사와 유사한 주택개발위원회Housing and Development Bord가 신설되었다.

싱가포르의 주택정책은 전후 복지국가가 실행했던 주택정책과는 정반대의 모습을 보인다. 정부가 소유한 공공주택을 늘리기보다는 역으로 개인이 소유하는 자가형 공공주택 비율을 높이는 방향으로 이루어졌다.

집을 소유하게 된다는 것은 사회정책적 측면에서 양면성을 지닌다. 집을 소유한다는 것은 가장 기본적으로 주택 구매에 따른 비용 부담을 개인이 감당해야 함을 의미한다. 이는 한편으로는 가계의 재정적 부담으로 작용하면서, 다른 한편으로는 세금의 증가로 인해 국민이 복지 확대정책에 저항하는 요인으로 작용한다. 이 요인 때문에 복지정책이 미진한 국가의 국민들은 노후 보장을 위해 집을 장만하려는 욕망이 더 강해지는 것이다.

국가가 제공하는 복지 혜택에 대한 기대감이 적어질수록 국민들은 자기 소유의 집을 일종의 보험으로 인식한다. 그래서 주택 소유는 보험과 대체관계의 특징을 가지며 이것의 밀접성은 점점 강화된다. 주택시장의 활성화와 복지정책 사이에는 음(-)의 상관관계가 성립하게 된다. 이런 관계성을 복지정책 축소로 활용한 인물이 대처이고 그

정책이 공공주택 민영화이다.

반면 싱가포르는 주택을 시장 매커니즘이 아닌 정책적 관점에서 국가가 관리하였다. 국민의 절대 다수가 공공주택에 거주하도록 하면서도 동시에 공적 배분을 통해 자기 소유가 가능하도록 열어 놓은 것이다. 주택은 상품이 아니라는 정부의 철학에 근거하는 정책으로서, 국민들도 '국민들이 부담하지 못하는 주택은 의미가 없다'는 정책 기조에 동조하고, 이 이념을 유지하기 위해 공동체가 함께 노력하고 있다.

싱가포르 주택정책의 배경과 입법현황7

	한국 (2020년)	싱가포르 (2018년)
주택보급율	103.6%	104.2%
자가점유율	57.9%	91%

출처: 법제처(2020)

인간이 인간다운 삶을 영위하여 인간의 존엄을 유지하려면 주거생활을 보장해야 한다. 이미 국제사회에서는 인간다운 생활을 위해서는 주거권Housing rights이 보장되어야 한다는 것을 천명하였다. 1948년 세계인권선언에서는 '적절한 주거에 대한 권리'를 인권으로 선언하였다. 또한

1966년 경제·사회·문화적 권리를 담은 국제인권규약에서 주거권을 인권과 등치시켰다.

유엔에서도 적절한 주거권의 보장이 국가의 책무임을 강조하였다. 인간이 존엄하다는 것은 인간다운 삶을 보장함으로써 가능해진다. 인간의 존엄과 가치를 유지하기 위해서는 최소한의 적절한 주거에 관한 권리가 보장되어야 한다. 국제사회가 주거권을 하나의 인권으로 포함한 것은 주거에 대하여 고통받고 소외된 사람들을 위해서이기도 하다. 인간다운 삶의 보장을 위해서는 그 누구도 주거생활의 안정에서 배제되어서는 안 되기 때문이다.

대한민국 헌법 제16조는 "모든 국민은 주거의 자유를 침해받지 아니한다"라고 하여 주거의 자유를 법으로 보장하고 있다. 2015년 제정된 「주거기본법」은 제2조에서 "국민은 관계 법령 및 조례로 정하는 바에 따라 물리적·사회적 위험으로부터 벗어나 쾌적하고 안정적인 주거환경에서 인간다운 주거 생활을 할 권리를 갖는다"라고 밝히며 인간다운 주거 생활을 할 권리를 주거권으로 정의하고 있다. 주거권도 국민이 인간다운 생활을 영위하는 데 반드시 필요한 것으로, 국가가 책임져야 할 우리의 권리이다.

세계화와 맞물려 자본주의 경제체제가 발전하고 다국

적 자본이 국경을 넘나들고 있다. 한편 2008년 전 세계적인 금융위기를 통해 증명되었지만 금융위기는 주기적으로 발생하고 있고, 그것은 어느 한 나라의 문제로 그치지 않는다는 것을 우리는 이미 경험했다. 코로나19를 통해서 환경적 요인이 금융위기를 불러온다는 것 또한 인지하게 되었다. 이는 결국 인간의 법과 제도가 공동체의 안전에 부정적 영향을 끼칠 수 있음을 보여 주는 생생한 실례라 볼 수 있다.

이 위기의 핵심 내용 중 하나는 빚내서 집을 마련한 사람들에게 들이닥친 실질적인 주거 안정의 위험이다. 주거는 개인과 가족의 행복달성 및 유지, 공동체의 지속성을 위한 가장 중요한 토대이다. 또한 주거 공간은 시장자본주의 체제에서 이윤 축적을 위한 상품이자 투기적 투자의 수단이 된다. 주거에 대한 사회적 합의와 보편적인 규범이 공동체에 확립되어야 인간은 위기에서 벗어날 수 있다.

영국과 싱가포르의 사례에 나타나듯이, 현재의 한국 사회에서 집은 행복달성의 핵심 기제이면서 자산 축적 수단이라는 양가적 특성이 있다. 이것이 사회정책을 마련하는 데 있어 충돌하는 지점이다. 일상생활을 영위하기 위한 필수적인 요소로서의 성격과 자산 축적 및 재산 증식의 수단이라는 성격을 동시에 갖고 있기에 집을 소유하는 문제는 늘 모순적인 사회정책의 늪에 빠지기도 한다.

주택의 기본 성격을 어떻게 규정할 것인가를 둘러싸고 계층과 세대 사이에 충돌과 갈등이 증폭되고 있다. 자산 축적 수단에 초점을 맞추어 집의 성격을 상품으로 규정하면 지대추구rent-seeking의 핵심 도구가 되고 투기 대상이 된다. 시장의 상품이 된 집은 기본적인 생활 공간으로서의 역할과 기능이 약화된다.

공공주택정책에 의한 임대 단지는 가난하고 빈곤한 집단이 사는 지역으로 낙인찍히고 주거불평등도 심화된다. 이와 같은 사회적 환경에서 집 문제를 시장적 관점으로 접근하는 정책기조는 더 이상 공동체의 안전에 전혀 도움이 되지 않는다. 주거권이 기본 인권으로 보장될 수 있도록 국가는 노력해야 한다.

한국 정부는 주거권 강화의 기반이 되는 주거의 본질에 대한 철학을 세우지 못하고 있다는 국내외의 비판을 받고 있다. 정책의 일관성이 부족하고 일시적이고 임시적인 대책만이 난무하다 보니 오히려 주택정책에 기대어 투기적 투자가 활성화되는 아이러니가 반복되고 있다.

집 한 칸을 소유해야 노후의 삶을 유지할 수 있다는 '신화'를 이제는 버려야 한다. 기본적이면서도 보편적인 차원에서의 주거권, 이 권리의 보장은 공동체의 철학과 관점이 제대로 세워질 때 가능하다. 이를 바탕으로 행복이 달성될 수 있도록 국가 단위의 책임과 역할을 요구하고 견인해야 한다.

복지국가는 어떻게 등장하였는가

- 사회적 위기에 대한 공동 대응 -

복지국가는 진보하는 과정으로서의 긴장 상황에 직면해 있다.
N극에는 자본주의의 불평등이, S극에는 민주주의가 지향하는 평등이
서로를 팽팽히 당기고 있기 때문이다.

인류의 역사는 진보한다. 여전히 부족한 집단과 계층이 있지만 인간의 존엄과 자유, 평등, 정의를 지속적으로 확대시키는 과정에 있다. 이러한 맥락에서 자본주의체제의 등장과 구축 역시 진보의 역사로 보는 것은 당연하다.

자본주의체제의 등장은 인류에게 편의와 풍요를 가져다주었다. 그러나 다른 한편으로는 공동체 정신을 약화시켰고 적자생존이라는 잔인한 동물의 법칙 아래 인간의 존엄성을 흔들기도 했다. 역사는 진보하나 자본주의는 모순

을 드러내었다.

자본의 탄생

자본주의 시스템은 오랫동안 유지되어 온 봉건주의체제를 대체한 체제이면서 사회구조를 획기적으로 변화시킨 새로운 생산 양식이다. 어느 한순간 봉건주의체제에서 자본주의체제로 급속하게 변화된 것이 아니라 거대한 강물의 흐름이 물줄기를 바꾸듯, 사회를 떠받치고 있는 토대 부문의 경제 영역에서 생산기술이 서서히 발전하면서 사회의 구조를 변화시키는 원동력이 된 것이다. 이러한 변화를 통찰력 있게 분석한 이가 영국의 경제학자 애덤 스미스Adam Smith, 1723~1790이다.

농사를 짓는 사람, 신발을 만드는 사람, 옷을 만드는 사람 등 신神이 정해 준 신분이 경제를 지배하던 봉건시대 막바지 시기, 애덤 스미스가 유럽 전역을 돌면서 발견하게 된 세상의 변화 동력은 인간의 이기심selfishness과 보이지 않는 손이기적인 개인의 사사로운 영리 활동이 사회 전체의 공적 이익을 증진시킨다는 의미의 역할이었다.

수많은 사람이 생산 과정에 참여하여 상품과 서비스를

생산하고 소비자가 되어 이렇게 만들어진 상품을 다시 구매하면서 삶의 질을 향상시킨다. 그 결과 결국에는 사회 전체적으로 국가의 부가 증진된다는 자본주의 원리의 기초를 다진다.

그러나 현실은 그렇지 않았다. 지금까지 농촌에서 자급자족으로 살아가던 수많은 농노 계급이 도시로 대거 이주하게 되면서, 도시에 흘러 넘치는 값싼 임금 노동자로 전락한다. 이들은 빈곤에 고통받고, 이 고통은 곧 사회문제로 확대된다. 이러한 악순환은 인클로저 운동, 신대륙의 발견, 자유도시의 탄생, 산업혁명의 발생이라는 역사적 격랑과 함께 휘몰아친다.

새로운 국가 운영체제로 자본주의가 본격 등장하고 기존 봉건체제하에서 자급자족하던 농노 계급이 노동 계급으로 전환됨과 동시에 도시의 빈곤 문제가 대두한다. 남성 노동자들은 자신들의 임금만으로는 가족의 생계를 책임지는 것이 어려워졌고, 그에 따라 부녀자와 아동이 열악한 노동시장에 뛰어들어야만 했다. 이로써 중심 노동집단 및 노동 취약계층에 대한 노동 착취가 극도로 심각해진다.

대다수의 도시 정착민들이 자본가를 위해 과도하리만

큼 어마어마한 노동력을 제공하지만 돌아오는 대가는 최소한의 임금이다. 이는 인간다운 생활을 유지하는 데 전혀 도움이 되지 않았다. 자유를 찾아 도시로 들어온 그들에게 주어진 것은 오직 '가난할 자유' 그것 하나뿐이었다.

장 자크 루소는 이와 같은 사회의 발전에 대해 아이러니하게도 인류의 모든 진보가 인간의 순수성을 잃게 하는 원동력으로 작동하여 인간이 존재해야 할 '원시 상태'에서 자꾸 멀어지게 한다고 비판한다. 인간이 새로운 지식을 축적할수록 가장 중요한 인간의 본질을 상실하게 되었다고 통렬히 분석하면서 '자연으로 돌아가라'고 한다.

인간을 연구하면 할수록 오히려 인간을 알 수 없게 하는 상태가 되도록 위치시켰다며 '지식의 발전'에 대한 근본적 질문을 던진다. 철학과 가치에 기반한 본질적 행복을 중심에 두지 않고, 지식과 기술의 축적만을 추구하게 되면 공동체의 행복과 사회적 진보라는 본질적인 역사 발전에는 역행하게 된다고 본 것이다.

국가와 사회계약

이러한 흐름 속에서 공동체로서 사회의 역할과 최고 공동체로서의 국가의 책임에 대한 논쟁, 봉건주의적 가치체계를 탈피한 자유주의적 국가관과 기본 바탕인 사회계약론에 대한 논쟁이 심화된다. 그 대표적 인물이 홉스Thomas Hobbes, 1588~1679와 로크, 루소Jean-Jacques Rousseau, 1712~1778다.

홉스는 인간 개인이 이성의 명령인 자연법을 준수하고 정의를 지키기로 합의할 수 있다면 인류 전체도 그렇게 할 수 있다고 가정한다. 이렇게 된다면 복종이 없어도 평화가 있기 때문에 국가도 존재하지 않을 것이고 존재할 필요도 없을 것이라고 주장한다.

자연법은 정의, 공평, 겸손, 자비 등을 의미한다. 하지만 홉스는 인간을 자연법을 지킬 수 있는 존재로 바라보지 않았다. 홉스는 인간이라는 동물이 그렇게 하지 못하는 이유에 대해 '인간은 명예와 지위를 위해 끊임없이 경쟁하기 때문'이라고 답한다. 자기를 남과 비교하는 데에서 기쁨을 얻는 우월감에 가득차 있는 존재로 인간을 바라 보았다.

그리고 이런 우월감이 공동체를 다스리는 일에 자기가 남들보다 현명하고 유능하다고 자부하는 사람들에게 작동하면서 공동체의 발전을 가져오기보다 오히려 사회적 혼란을 일으킨다고 보았다. 더 나아가 선을 악처럼, 악을 선처럼 보이게 만드는 자들이 있어 사회에 대해 끊임없이 불평을 품게 하고 제멋대로 평화를 교란시키기도 한다고 보았다.

그러면 이에 대한 해결책은 무엇인가? 인간의 화합은 오직 인위적인 신의계약信義契約, covenant에 의해서만 이루어질 수 있다. 신의계약을 지키지 않으면 처벌받도록 규칙을 정하여 처벌받을 것이 두려워 공동의 이익에 맞게 행동하도록 지도해야 한다. 이때 필요한 것이 공통의 권력이다. 공통의 권력을 갖는 주체는 개인의 권리가 양도된 국가라고 개념화한다.

국가와 인간은 신의계약이라는 족쇄에 의해 연결되어 있다. 족쇄는 그 자체로는 약하지만 그럼에도 불구하고 유지되는 이유는 끊기가 어려워서가 아니라 사슬을 끊었을 때 생기는 위험 때문이다. 홉스는 사회계약이 '국가의 기원'이라는 이론을 제시하지만 전제군주정을 인정·옹호하는 측면이 강하다. 홉스가 이러한 생각을 가진 데는 그가 살았던 시대가 군주국가였다는 사회적 환경을 감안해야 한다.

로크는 국가 이전에 개인의 자유를 우선적으로 제시한
다. 그는 각자 하고 싶은 대로 행동하고, 기분 내키는 대
로 살며, 어떠한 법에도 구속되지 않는 자유는 진정한 자
유가 아니라고 비판한다. 그럼 어떠한 자유가 진정한 자
유인가?

사회에서 설립된 입법권에 따라 일정한 규칙이 제정되
고 그것은 모든 사람에게 적용된다. 공통된 규칙에 따라
타인의 자유를 해치지 않는 범위에서 자유를 누리는 것이
인간의 진정한 자유라고 정의한다. 개인들이 사회를 구성
하고 자연법으로서의 권리를 공동체에 양도하는 곳에서
만 비로소 정치사회 또는 시민사회가 존재하게 된다.

공동체 최고의 통치 권력 아래에서 인민이 되고 사회
의 공공선을 추구하기 위해 각종 법률을 만들거나 법률이
제정되도록 권한을 위임한다. 인간은 자연법 상태에서 벗
어나 '공동선을 추구하는 국가commonwealth'의 상태로 들어
가게 된다.

본래 인간은 모두 자유롭고 평등하고 독립된 존재임에
도 자신의 자연적 자유를 포기하고 시민사회의 구속을 받
아들이는 이유는 무엇인가? 그것은 자신의 재산을 안전
하게 지켜 내고 좀 더 많은 안전을 확보하면서, 공동체

구성원들 간 협력을 통해 평화로운 삶을 영위하기 위해서이다.

그렇기 때문에 공동체는 전체의 힘을 통한 보호는 물론, 타인의 노동력으로 많은 편리함을 향유할 수 있는 만족스러운 상태에 놓이게 된다. 그러므로 모든 인간은 공공의 선善, 공동체의 유지와 발전, 안전에 필요한 자신의 자유를 기꺼이 분배한다. 이 원칙에 의거하여 다른 구성원들도 분배에 참여하므로 단순히 필요에 의한 분배 개념을 뛰어넘어 사회정의로서의 분배가 된다. 그리고 최종적으로 사회분배를 주도하는 국가의 목적은 인류의 복지로 귀결된다.

루소는 인류에게 두 가지 불평등이 있다고 보았다. 하나는 나이, 성별 등의 신체적 차이에서 나타나는 불평등이다. 이것은 자연석 불평등으로 개인의 특징으로 귀결된다. 다른 하나는 특권에 의한 불평등으로 더 부유하다거나 더 존경을 받는다거나 권력을 더 가지고 있다는 이유로 타인을 복종하게 만들어서 형성되는 불평등이다.

루소는 자연 상태의 인간은 속박에서 전적으로 자유로운 존재, 불평등의 악에서 완전히 해방되어 있는 존재로 보았다. 신체적 차이에 의한 불평등은 생활 양식의 차이로 나타난다. 거인과 난쟁이는 상호 걸음걸이에서 간격의 차이가 발생할 뿐 이것으로 인해 발생하는 차이는 차별로 작동하지 않는다. 자연에서는 만인이 평등을 향유할 수 있었고 원초적 자연 상태는 행복 그 자체였다.

문제는 자연적 차이가 제도의 불평등에 의해 한층 증대될 때이다. 숲속을 홀로 떠돌며 지내던 인간은 점차 한데 모여 함께 살아가게 되고 오두막 앞이나 큰 나무 주위에 자주 모이게 되었다. 서로가 삶을 노래하고 흥겨운 춤을 추는 것이 심심풀이라기보다 매일매일의 일과가 되었다.

서로한테 주목하고 타인을 인정하며 공통의 가치를 지니게 되었다. 공동 생활의 경험은 자연 상태의 인간이 알지 못했던 새로운 개념과 감정을 낳았다. 나의 존재가 상대화되고 타인들의 시선에 의해 정의된다. 서로의 차이에 대한 비교 의식과 우월성이 대중적으로 확인받고 싶어하는 욕구로 싹튼다. 이는 소유욕과 결합하여 더욱 악화된다.

인간이 지닌 본원적이고 자연적인 평등 인식이 변화되기 시작한다. 그 이유는 사회가 낳은 불평등 때문이다. 사물이 진보하는 가운데 그것을 얻기 위한 폭력이 생기고 얻어 낸 것을 지켜 내기 위한 권리가 생기면서 자연법이 실정법에 굴복하게 되었다는 것이다. 실정법에 따라서 인정되는 사회적 불평등은 누구나 평등하다는 자연법에 위배되는 결론을 뒤집을 수 있는 당위성을 부과하게 된다. 루소는 그것을 다음과 같은 예를 들어 강력한 어조로 비판한다.

"대다수의 사람들이 굶주리고, 살아가는 데 꼭 필요한 최소한의 것마저 갖추지 못하는 판국인데 한 줌의 사람들에게 사치품이 넘쳐 난다는 것은 명백히 자연의 법칙에 위배된다."

루소는 《인간불평등 기원론》에서 모든 사회악과 사회 갈등의 근원은 경제적 불평등이라고 분석한다. 수천 년에 걸쳐 고착화된 불평등을 해소하려면 사회구조를 근본적으로 변화시켜야 한다고 주장한다. 이를 위해 개인의 자유를 지키면서도 타인에 대한 존중을 유지하며 공동의 이익을 추구하는 연대성에 기반한 시민교육과 이를 바탕으로 공동체(국가)에 참여하는 시민의 일반의지를 제시한다.

근대로 접어들면서 여러 철학자들이 국가를 일종의 사회계약에 의해 탄생한 개념으로 바라보았다. 그 중심에는 자유로운 시민들이 위치한다. 그렇기에 국가의 임무는 시민들의 생명과 안전을 지키는 것이라는 견해가 지배적이다. 홉스가 왕에 의해 다스려지는 전제적인 국가 운영을 인정했다면 로크는 공동사회에서 국가 운영의 주체를 사회의 다수파로 인정하는 법치주의 권력으로 개념화하였다.

이는 민주주의 국가에서 채택한 헌법의 기본 원리와 일치한다. 다수 국민의 동의를 원천으로 하여 평화와 안전, 공공의 복지라는 국가 목표를 달성한다. 로크의 이러한 국가 운영 철학은 서양을 거쳐 대한민국의 헌법에까지 영향력을 끼치게 된다. 루소는 공동사회 구성원들이 인간의 자격을 유지하려면 자유를 지켜야 하며 자유로운 개인 없이는 국가도 성립되지 않는다고 하였다.

자유는 인간 본성의 핵심이기 때문이다. 루소는 여기서 한 가지 더 중요한 핵심 개념을 제시한다. 국가와 정부의 분리이다. 정부는 법률의 집행과 사회적·정치적 자유를 유지할 책임을 맡게 된 권력 집단이다. 그렇기에 정부가 법치주의를 위반하거나 개인의 자유를 지키지 않는다면 인민에게 정부를 바꿀 권리가 있음을 제시하게 된다.

국가에 대한 개념과 규정, 철학과 관점은 근대로 접어들면서 전환점을 맞이하게 된다. 신의 명령에 의해 다스려지던 봉건주의체제가 자본주의 시스템에 의해 붕괴되면서 시민이 국가의 중심에 위치하게 된다. 그러함에도 불구하고 자본주의체제의 특성상 국가의 중심에는 일부의 계급만 자리하게 된다.

복지국가의 등장: 사회계약에서 사회협약으로

역사적으로 복지국가는 국민의 전반적인 삶과 노동 조건을 크게 개선시켰다. 그런 측면에서 인류 역사상 복지국가에 비견할 만한 국가 운영체제는 아직 전무하다. 20세기에 복지국가가 등장하면서 국민의 건강과 기대수명, 사회적 안전이 크게 향상되었다.

무엇보다 받는 사람을 부끄럽게 만들었던 공동체의 자선 활동이 보편적인 사회적 권리로 대체됨에 따라 국민들은 사고나 질병, 실업에 처해서도 '굽실거리지' 않게 되었다. 개인의 위험이 집단의 위험으로 재규정되고 더 나아가 사회적 위험으로 명명된다. 역사상 어떤 시대에도 경험하지 못한 사회적 안전이 보장된다. 이런 놀라운 변화로 인해 복지국가는 시민들로부터 강력한 지지를 끌어낸다.

복지국가는 제2차 세계대전 종전 후부터 1970년대에 들어서까지 서유럽과 북유럽을 중심으로 발달한다. 그 과

2023 세계 행복함수 순위
(2020~2022년 설문자료 기반)

국가	순위	점수
핀란드	1	7.804
덴마크	2	7.586
아이슬란드	3	7.530
이스라엘	4	7.473
네덜란드	5	7.403
스웨덴	6	7.395
노르웨이	7	7.315
스위스	8	7.240
룩셈부르크	9	7.228
뉴질랜드	10	7.123
미국	15	6.894
독일	16	6.892
영국	19	6.796
프랑스	21	6.661
싱가포르	25	6.587
사우디아라비아	30	6.463
스페인	32	6.436
이탈리아	33	6.405
멕시코	36	6.330
일본	47	6.129
한국	57	5.951
중국	64	5.818
러시아	70	5.661

출처: 유엔 지속가능발전해법네트워크

국민행복함수 1위를 차지한 핀란드는 6년 연속 세계 1위에 등극해 있다. 2위의 덴마크부터 뉴질랜드까지 10위권 이내에 대부분의 북유럽 국가들이 포진해 있다. 이것은 제2차 세계대전 이후 복지국가가 북유럽을 중심으로 발달한 것과 무관하지 않아 보인다.

정에서 국민들은 엄청난 발전을 경험하게 된다. 빈곤을 퇴치하고 소득이 재분배되었다. 질병에 걸린 사람이나 나이가 든 사람들에게 경제적 안정을 제공하였다. 모든 아이들에게 의무교육이 실시되고 의료와 건강 서비스가 사회적으로 제공되었다.

민주주의는 확장되고 다양한 복지 프로그램과 사회서비스를 누릴 법적 권리 역시 점차 확대된다. 뿐만 아니라 복지국가는 시민들의 연대성을 조성하고 강화시켰다. 이와 같은 모든 변화는 사회적 협약, 즉 노동과 자본의 역사적 타협과 연결된다.

사회적 협약은 두 영역의 발전과 핵심적으로 연결된다. 노동의 조직화에 따른 노동운동의 발전과 민주주의 발전이다. 이 두 가지 요소가 자본과 노동이라는 두 계급 간의 타협과 협의를 불러온다. 조직된 힘으로서의 노동운동은 정치적 민주주의를 발전시킴과 동시에 보통선거의 발전에 결정적인 역할을 한다.

노동과 자본이라는 두 계급 간에 갈등은 존재하였지만, 복지국가를 통해서 노동이 자본을 이겼다는 의미는 아니다. 복지국가는 엄연히 노동과 자본에 대한 사회협약의 결과다. 서로 대립하는 이해 당사자들을 만족시켜야 하는 모든 타협과 마찬가지로 복지국가 역시 상충하는 이해관계들로 가득하였다.

시간이 지남에 따라 불안정해질 수 있는 잠재적인 위험요인들이 늘 존재하였다. 자본과 노동의 입장에서 볼 때 복지국가를 통해 사회의 안정이 유지된다는 것은 안정적인 공동체라는 측면에서도 중요한 조건이었던 것이다.

자본주의체제가 심화되면서 빈곤의 구조는 더욱 심화된다. 이에 두 가지의 대응 방법이 나타난다. 첫째는 노동시장에서 노동자들 사이의 경쟁을 약화시키기 위해 스스로를 조직한다. 둘째는 질병이나 사고, 은퇴 등으로 인해 경제적 어려움이 닥칠 때를 대비하여 집단적 보험체계를 만든다.

이 두 가지 방법 모두 노동의 상품화에 따른 부정적 영향을 줄이기 위한 조치들이다. 노동자들 스스로 자신들이 온전하고 본질적인 인간 존재로 지켜져야 할 필요가 있다고 판단한 것이다. 복지국가와 복지제도는 자본주의 노동시장에 임금노동이 등장하면서 생긴 착취와 사회적 불안, 인간성 추락에 대한 대응이었다.

그러므로 복지국가는 사회의 자원과 생산물의 재분배를 노동하는 시민들이 민주적으로 참여하여 재구성하는

체제이다. 사회의 자원과 생산물의 분배를 시장에만 맡기던 기존의 방법과는 다른 방법으로 재분배하자는 주장이었다. 복지국가와 복지제도를 강화하기 위한 타협의 수준과 내용은 결국 사회 내 권력관계의 결과이다. 그 대표적인 것이 바로 《베버리지 보고서》이다.

1930년대를 전후로 한 대공황은 자본주의가 지니고 있는 경쟁에 대한 자유방임의 정당성에 심각한 위기를 가져온다. 대공황이라는 세계적 위기로 자본주의 시스템에 대한 불신이 커졌고, 사회적 빈곤이 심각한 수준에 이르게된다. 그것이 결과적으로 파시즘과 제2차 세계대전이라는 전쟁을 낳게 된다.

이에 고삐 풀린 자본주의에 대한 정치적 개입을 요구하는 목소리가 높아진다. 평화와 사회 발전, 모두를 위한 경제를 위해 정치적 통제의 필요성에 대한 요구가 커진다. 이러한 배경하에 자유주의자이자 경제학자이며 정치인이었던 베버리지는 1942년 정부 보고서를 작성하게 된다.

보고서는 국가 재건의 걸림돌인 5가지 거대 악惡에 맞서 싸워야 함을 분명히 선언한다. 결핍과 질병, 무지, 불결과 게으름을 몰아내야 한다고 하였다. 《베버리지 보고서》는 발간 1개월 만에 1만 부 이상이 팔리고 시민들에게

출처: 위키피디아

윌리엄 베버리지

런던 정치경제대학교 학장(1939)과 런던대학교 부총장(1926~1928)
을 역임하고, 제2차 세계대전 중에 처칠 정부에서 노동부 차관을 역임
했다.

큰 인기를 끌게 된다. 그러나 당시 수상이었던 처칠을 비
롯해 보수주의자들은 큰 저항을 했다. 하지만 결국에는
진보와 보수 양 진영은 합의에 이르게 된다.

《베버리지 보고서》는 영국 사회에만 중요한 것이 아니
었다. 북유럽을 포함한 대부분의 자유주의 국가들이 사회
정책과 복지서비스를 수립할 때《베버리지 보고서》를 모
델로 삼았다. 이러한 역사적 전환이 가능했던 것은 시민

이 지지했던 《베버리지 보고서》를 보수주의자와 자본가들이 받아들이도록 설득하고 그에 동의하도록 하는 합의의 정치가 작동했기 때문이다.

노동과 자본 사이에 타협이 가능했던 것은 그 타협에 앞서, 노동운동이 사회에서 권력을 성취한 결과가 있었기 때문이다. 고용주와 자본가는 노동조합의 조직화를 축소시키고 약화시키기 위해 많은 노력을 기울였지만 실패했다. 결국 고용주와 자본가 들은 노동조합을 노동자들의 대표로 인정하고 그들과 협상을 벌이기로 결정한다.

노동과 자본이 평화로운 공존을 할 수 있었던 것은 이처럼 강력한 노동운동이 버티고 있었기 때문이다. 노동조합의 입장에서 보면 타협은 자본가들이 생산수단을 소유하고, 생산을 관리하는 권한의 발휘를 받아들이겠다는 의미이다. 노동을 관리하고 분배할 권한을 자본가들에게 넘긴다는 뜻이다. 보다 많은 복지와 보다 나은 작업 조건을 얻는 대가로 자본주의 경제틀 안에서 움직인다는 것이다.

이것이 복지국가와 공산주의가 명확히 다른 지점이다. 공산주의는 자본가 그룹을 폭력으로 제거하고 시장 시스템인 자본주의체제를 무너뜨리는 것을 목표로 한다. 그러나 복지국가는 시장 시스템인 자본주의체제 안에서도 본질적 인간의 존엄성을 유지할 수 있도록 하는 것을 목표로 한다. 그래서 복지국가를 관리자본주의라고 명명하기도 한다.

복지국가와 행복계약

복지국가는 '복지가 잘 되어 있는 나라'라는 의미로 간단히 정의될 수 있는 개념은 아니다. 복지국가는 20세기에 접어들면서 자본주의의 불완전성을 인식하고 이를 극복하는 과정에서 만들어진 대안으로써의 국가 운영체제이다. 개인과 가족의 복지 서비스를 공공성 중심으로 제공하느냐, 시장성 중심으로 제공하느냐는 국가마다 처한 상황과 시기에 따라 다르게 적용되어 왔다.

어떤 목적과 측면으로 보느냐에 따라 복지국가는 각기 다른 모습과 의미를 지닌다. 중요한 것은 복지국가라는 국가 운영체제가 사회 구성원 각각의 혹은 모두의 인간다운 삶을 책임지는 사회의 공동선을 공동체의 규범으로 인정한다는 데에 있다. 이를 위해 공동체의 구성원 모두가 연대성과 참여의 정신으로 공동체 운영에 참여하고 적극적 역할을 수행한다는 인식이 매우 강하다.

한국은 그동안 주류 계급을 중심으로 성장 위주 정책을 달성해 왔기에 성공과 실패에 대한 사회적 패러다임, 대중적 인식의 격차가 매우 양극화되어 있다. 대다수 선진 국가가 채택해서 운영하고 있는 복지국가 운영체제의 자연스러운 사회통합 모델이나 국가의 역할, 정책, 철학적 기반 등이 한국 사회에서는 받아들여지기 어려운, 우리의 환경에서는 일면 적절치 않다는 인식이 만연해 있다.

복지국가는 우리를 위해 타인들이 만들어 주는 것이 아니다. 던져 주는 것도 아니다. 핵심은 복지국가를 받치고 있는 철학과 이념, 원리를 이해하고 실천하는 시민이 존재해야 한다. 이런 시민들이 연대성에 기반해 시민사회를 조직하고 위로는 정치 영역에서 국가의 역할을 요구하고 사회 정책을 구현하도록 권력을 작동시켜야 한다. 아래로는 자신이 살고 있는 도처에서 참여의 정신으로 동료 시민들과 토론하고 학습하며 복지국가의 철학과 이념, 원리를 생활화하는 것이 핵심이다. 복지국가가 추구하는 가치는 인권, 연대성, 사회정의로 대표된다.

인권은 자신의 의지와 실천을 바탕으로 행복을 달성시키는 인간의 본질이다. 인권은 개인의 자유를 제약하는 구조와 제도를 인식하고 제거하기 위해 노력하는 적극적 자유를 실천할 때 보장될 수 있다. 적극적 자유가 제약받거나 평등한 기회가 주어지지 않는 사회라면 복지국가라할 수 없다. 복지국가는 모든 시민의 인권을 보장하는 것을 기본 가치로 삼는다.

연대성은 타인의 존엄, 타인의 인권을 존중하고 상호호혜적인 공존을 추구하는 개인이 타인들에 대해 가지는 공동체적 동료 인식을 의미한다. 공동체의 모든 인간은 상호 의존적이다. 그러므로 공동체적 원리를 통해 궁극적으로 사회적 대처 능력을 증진시켜 나간다.

사회정의는 사회제도와 공동체가 갖추어야 할 덕목이자 의무이며 책임이다. 사회적 가치와 자산을 분배하여 모든 사람이 일정 수준의 삶을 유지할 수 있도록 물질적 수단을 제공받도록 하는 원칙이다. 이는 복지국가의 근거와 철학적 가치로 정립된다. 누가 무엇을 언제 어떻게 얻는가의 명제로 이어지며 사회정책으로 구조화된다.

3부

행복할 수 있습니다

왜 '자원봉사'를 다시 생각해야 하는가

– 공적 욕망과 공적 소비의 관계 –

국가는 부를 축적해야 한다. 하지만 여기서의 '부'는 '돈'이 아니다.
전 국민의 생활 수준을 향상시키는 것이 바로 부의 본질이다.

지금까지의 이야기를 정리해 보면, 행복은 인과관계라
할 수 있다. 욕망(D)으로서의 원인과 욕망을 충족시키는
소비(C) 활동의 결과에 따라 행복달성의 여부를 알 수 있
기 때문이다. 앞에서 언급했다시피, 욕망을 해소하는 방
법에는 두 가지 관점이 있다. 첫 번째는 욕망의 종류를 줄
이거나 욕망의 수준을 감소시키는 것이고, 두 번째는 나
의 현실 사회 속에서 욕망을 충족시키는 것이다. 사람들
은 첫 번째를 종교적 방법으로, 두 번째를 사회적 방법으

로 분류한다.

공동체의 대다수 구성원은 구도자로서의 종교인이 아닌, 일상에서 만족하는 삶을 추구하는 평범한 인간이다. 욕망하는 존재로서 기본적인 의식주의 보장을 바탕으로 질병과 건강, 위험으로부터의 격리, 신체적·정신적 안전 등을 보장받고 교육과 자아성취를 이루어 본질적 인간으로서의 품위를 지킬 수 있는 삶을 영위하기를 바란다. 누구도 혼자 살 수 없기에 공동체 속에서 인간은 행복을 달성해야 한다. 산술적으로 표현해 보면 각자 '행복함수＝1'에 도달하는 것이 바람직하다.

권리 주장이냐 비참함이냐

"평소 2천 원 이하로 팔던 마스크가 지금은 5천 원에도 살 수 없어요. 돈 있는 사람들이 한 번에 다 사재기를 하니까 취약계층은 사지도 못하고, 일회용을 한 번 사면 나흘을 써요. 우리 (임대)아파트에도 마스크가 비싸니까 안 쓰고 다니는 사람들이 많아요. 인터넷을 할 줄 몰라서 비싼 줄 알면서도 약국에서 사게 되죠."

"마스크 가격이 갑자기 천정부지로 오르니까 ……. 가진 사람들은 권리 주장이겠지만 소외된 사람들한테는 비참한 거 아니에요?"

"일부 어려운 분들에게 마스크를 공급하는 방안을 정부가 강구 보록 하겠습니다. 마스크 가격이 많이 오르고 취약계층에 부담 이 된다면 고려해 보겠습니다."

팬데믹 초기 마스크 대란의 상황이다. 코로나19 예방의 기본 대처 방안으로 방역당국은 마스크 착용을 의무화하 였다. 공급은 적지만 마스크를 구입하려는 사람이 증가하 는 것은 당연한 수순이었다. 마스크 수요가 급등하자 이 제는 마스크의 가격이 오른 것이다. 약국과 편의점에서 마스크가 동나거나 온라인 쇼핑몰에서 가격이 급등하면 서 시민들의 불만이 높아지기 시작했다.

이에 정부가 대책 마련에 나선다. 우선적으로 마스크의 수출 제한을 실시하고 마스크 매점매석에 대한 법적 규제 등으로 마스크의 소비를 국내로 한정짓는다. 그럼에도 마 스크 품귀현상이 발생하다 보니 마스크 구매에서 빈부격 차가 발생하게 되었다. 일정한 소득에 기본 생활비도 빠 듯한 중산층 이하 저소득층 가계에서는 마스크를 사는 돈 도 큰 부담이 되었다.

마스크의 수요와 공급 매칭이 시장의 자율만으로 원활하게 이루어지지지 않자 드디어 '공적 마스크' 개념이 등장하게 된다. 마스크 보유 약국 등을 알려 주는 스마트폰 어플도 보급되면서 '마스크 판매 5부제'에 따라 자신에게 해당되는 요일에 맞춰 약국에 가면 안심하고 마스크를 구매할 수 있게 되었다. 또 저소득층에 마스크가 무상으로 지원되기도 했다. 마스크 착용이 유일한 예방책이었기에, 마스크는 코로나로부터 생명을 지킬 수 있는 중요한 수단이었다.

공적 욕망에 대응하는 공적 소비는 공적 서비스로 실행된다. 공적 욕망을 공적 소비로 대응할 경우 그만큼 공동체에는 장기적이고 긍정적인 효과가 광범위하게 나타나기 때문이다. 마스크의 예에서 알 수 있듯이 공적 욕망과 공적 소비는 대상과 수요가 증가할수록 시민권과 밀접하게 연관된다. 시민권의 범위가 중요한 이유는 '행복함수＝1 미충족'의 사각지대가 없어질 뿐만 아니라, 모든 시민이 생애주기에서 겪게 될 위험·고통·불행 등을 예방할 수 있기 때문이다.

결국 마스크의 안정적 확보는 생존이라는 본질적 인간으로서의 인권이 보장됨으로써 인간의 품위를 지킬 수 있

는 권리다. 이것이 공적 소비가 지닌 특징인데, 내적으로
는 개인의 행복달성이면서 외부적으로는 사회 통합으로
상징되는 사회적 영향 혹은 효과가 광범위하다는 것을 보
여 준다. 이로써 공동체에 대한 신뢰성이 향상하는 결과
에 이르게 된다.

공적인 것은 재화와 서비스에 대한 모든 사회 구성원의
평등한 접근성이나 비시장적 원리에 따른 자원 배분의 강
화를 요구하는 과정을 통과해야 한다. 그러나 이 과정을
무시하는 국가는 각자의 능력과 수준에 따른 자급자족 형
태로써 공적 소비를 충족하도록 개인을 방치한다.

공적인 것은 공동의 관심사를 의미한다. 어떤 사안에
대해 관심을 갖는 사람들의 규모가 클수록 공적 성격이
강해진다. 공동의 관심사를 함께 숙의할 수 있는 공론의
영역이 등장하고 적극적으로 공동의 관심사를 형성하고
자 노력한다. 공적 욕망의 범위와 수준이 결정되는데 여
기서 공동체 의식과 참여는 중요한 역할을 한다.

공적인 것은 정치적 영역으로 자연스럽게 편입되고 공
적 욕망은 정부의 정책에 대응하도록 사회적 합의를 이룬
다. 정부의 의무와 책임은 합의에 의한 정책을 수립하는
것이고 중앙정부, 지방정부, 공기업 등 주체성을 띤 공공

기관이 그 구체적 실행을 담당한다. 이로써 공益은 제자리를 찾게 된다.

현대사회에서 민간 영역은 시장을 담당함으로써 공적 영역에서 분리한다. 공과 사의 물리적·공간적 영역이 구분되면서, 공적 영역의 시장 개입은 제한된다. 개입을 하게 될 경우에는 간섭이 되기 때문이다. 대표적 사례로 '허니버터칩'과 '포켓몬빵' 현상을 들 수 있다. 두 상품의 인기와 그에 따른 품귀현상이 언론매체에서 크게 다루어진

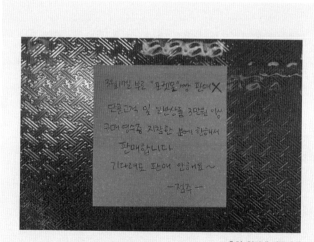

출처: 인터넷 커뮤니티

포켓몬빵 판매 제한을 공지한 편의점의 메모

적이 있다. 이 두 상품은 사람들의 소비 활동을 충족시키지 못할 만큼 공급이 부족했었다.

두 상품에 대한 사적 욕망의 수준이 높아진 데에 그 원인이 있다. 그러나 이 욕망이 과연 공동체의 공적 욕망으로 받아들여질 수 있는가에 대해서는 논의되지 않았다. 마스크의 품귀현상과는 확연히 다른 문제이다. 그것은 시민의 기본적 생존권, 인간으로서의 본질적 품위를 유지하는 데 두 상품에 대한 소비 활동과 소비 능력은 영향을 미치지 않기 때문이다. 그렇기에 국가 역시 시장에 개입하지 않았다.

개인의 욕망이 공적 욕망과 사적 욕망으로 구분되는 것은 공동체 차원에서 개인의 행복달성을 위한 욕망의 종류와 수준의 범위를 정하는 것을 의미한다. 만약, 국가가 구매하지 못하는 사람들이 없도록 허니버터칩의 생산을 더 늘리라든가, 포켓몬빵 구매 5부제를 시행하고, 구입을 위해서 신분증 제시 필수 등의 조치를 취했다면 과연 시민들의 반응은 어떠했을까?

국가공동체, 사적 영역의 확장

'새해에는 건강하도록 해 주세요.'

'큰아이가 취업할 수 있도록 해 주세요.'

'시험에 합격해서 원하는 진로를 찾아갈 수 있도록 해 주세요.'

사람들은 새해 아침 떠오르는 첫 태양을 바라보면서 나와 가족의 행복을 기원한다. 나와 가족의 행복을 기원하는 것은 사적 욕망의 영역인데, '공동체가 과연 그 달성에 대한 책임과 의무를 짊어져야 하는가'라고 반문할 수 있다. 공동체가 책임과 의무를 지니고 있다는 것은 공적公的, public인 특징뿐만 아니라 '함께, 공동의, 다수'를 의미하는 공共, joint, cooperation의 의미도 지니고 있다. 동양적 가치체계, 특히 유교적 시각에서는 공적인 것과 사적인 것에 대한 밀접성을 강조한다.

공적인 것은 사적인 것과 상호 불가분의 관계에 있다. 공적인 것은 사적인 것을 토대로 만들어지며, 사적인 것을 전제하지 않고는 공적인 것을 생각할 수 없기 때문이다. 이에 대한 상징적 표현이 《대학》의 '수신제가치국평천하'修身齊家治國平天下이다. 개인의 행복이 가족의 행복으로 이어지고 이것이 전체 공동체의 행복으로 확장된다. 그러므로 사적 욕망의 충족은 공적 욕망이 충족되기 위한 필요조건이다.

서양이라고 해서 다를 바 없어 보인다. 아리스토텔레스는 《정치학》에서 개인이 고립된다면 스스로 만족할 수 없다고 주장한다. 그는 고립된 개인이 아닌 공동체 속의 자아를 규정하면서 가족공동체-마을공동체-국가공동체를 단계별로 제시한다. 가족은 매일 되풀이되는 필요를 충족시키기 위해 자연적으로 형성되는 최초의 공동체이다. 가족의 다음 형태가 마을인데, 마을은 일상을 영위하는 데 필요한 이상의 것을 충족시키기 위한 공동체의 역할을 해야 한다.

그렇기 때문에 아리스토텔레스는 마을을 '같은 젖을 먹는 사람들' 또는 '아들들과 아들들의 아들들'이라고 규정한다. 가족이 기본적인 공동체라면 마을은 분산되어 있는 집단이다. 이 공동체를 거쳐 최종적으로는 완벽한 생활공동체로서의 국가를 구성하게 된다. 개인-가족공동체-마을공동체로 그 영역은 확장되어 이어지며 매일 되풀이되는 일상적 필요를 충족시키기 위해 국가 안에서 완전한 자급자족을 이루게 된다.

국가는 여러 가족공동체, 마을공동체 들의 최종 공동체로서 가장 높은 단계에 있다. 최종적으로는 완벽한 생활공동체로서의 국가의 구성은 개인과 가족공동체의 사적 욕망의 달성으로부터 시작된다. 따라서 국가가 실현하는 최선의 목표는 개인과 가족의 사적 욕망을 공적 욕망으로 확장시켜 행복을 달성해야 하는 것이다. 이것이 국가라는 공동체가 존재하는 자연스러운 이치여야 한다.

공적 욕망의 범위는 어디까지인가

> Who gets what, when, and how?
> 누가 무엇을 언제 어떻게 얻는가?

국가공동체가 책임져야 하는 공적 욕망의 범위는 어디까지인가? 사회정책의 핵심 논쟁이다. 공적 욕망은 다수의 사람들에게 공통적으로 혹은 보편적으로 관련되어 있는 무언가를 의미한다. 누구라고 특정할 수 없는 모든 사회 구성원이 어떤 상황에 대해서도 동일하게 영향을 받는 욕망이다. 공적으로 인정된다는 것은 모든 사회구성원의 삶에 영향을 미치고 있다는 의미이기 때문이다.

이는 시민의 필수적인 생활 조건과 관련된 것을 의미한다. 모든 사회 구성원이 본질적 인간으로서 신체적·정신적 건강을 유지하는 데 필요한 정책, 그에 대응되는 공공서비스를 통해 공적 욕망을 충족시킬 수 있다. 이를 위해 사회정책의 핵심 논쟁에 대해 공동체는 치열하게 토론한다. 이때 결코 놓쳐서는 안 되는 원칙이 있다.

연대의 원칙에 입각하여 인간으로서 품위 있는 삶의 질과 시민적 권리를 보장받을 수 있도록 해야 한다. 국가공동체의 최고선이 가능하도록 하는 것은 호혜성에 기반한 단일성이다. 그것은 모든 사람이 같은 사물을 동시에 '내것이다'라고 여기는 소유의 단일성이 아니다. '우리가 함께 서로의 무엇을 위한'과 같은 호혜성의 개념으로 국가라는 공동체에서도 자연스럽게 생성되는 의식을 의미한다.

실제의 삶에서 개인은 저마다 개별적으로 존재하고 각자만의 개체적 특성을 지닌다. 그렇지만 공동체를 이룬다는 것은 전체주의적 차원의 강제성이 아닌, '함께, 공동의, 다수'가 동일한 최고선을 지향하는 단일성에 기반한 공적인 것을 의미한다. 이 단일성에 기반해 가족의 호혜

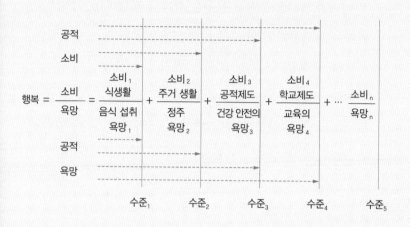

$$\text{행복} = \frac{\text{소비}}{\text{욕망}} = \frac{\text{소비}_1}{\text{음식 섭취}} + \frac{\text{소비}_2}{\text{정주}} + \frac{\text{소비}_3}{\text{건강 안전의}} + \frac{\text{소비}_4}{\text{교육의}} + \cdots \frac{\text{소비}_n}{\text{욕망}_n}$$

성이 마을 단위의 우애로, 국가 단위의 연대성으로 확대
된다.

연대성이라는 공동체의 사회적 가치체계가 규범으로
작용할 때, 사회정책의 핵심 논쟁은 공적 욕망의 수준을
어디까지 확대하고 인정할 것인가로 부각하게 된다. 그
수준을 가늠하기 위해 몇 가지 기본적인 질문을 설정한
다. 예를 들어, 굶는 사람이 없도록 하는 범위에서 공적
욕망의 수준을 인정할 것인가? 주거 생활을 보장하는 수
준까지 공적 욕망을 인정할 것인가? 건강과 안전에 대한

확보까지 공적 욕망으로 인정할 것인가?

이러한 질문을 통해 공동체는 각자가 지닌 혹은 집단의 이익을 대변하기 위한 수준을 설정하고 본인 또는 집단의 입장을 관철할 수 있는 생각을 펼치고 논의하는 과정을 거친다. 이와 같은 수순을 통해 각각의 논쟁들은 공적 욕망의 수준을 정하는 것뿐만 아니라, 공적 욕망에 대응되는 공적 소비의 영역 즉 공적 서비스의 수준까지도 함께 정해질 수 있도록 하는 경로를 밟게 된다.

'취약이웃 돕기'보다 공공서비스

'노인 무료급식 프로그램', '결식아동 지원사업'은 그것이 시작된 이래 한 세대인 30년이 지났음에도 여전히 유지되고 있다. 하루 두 끼 식사로 '행복함수 미충족'의 생활을 이어 나가는 사람들이 우리 공동체 안에서 세대를 이어 존재하고 있다는 것을 의미한다. 특히 65세 이상의 연령대에 진입하면 38퍼센트가 절대적 빈곤을 경험한다. 그리하여 이 나이대의 노년들은 빈곤율 1위, 자살율 1위의 대표적 세대로 원치 않는 자리매김을 하게 된다.

왜 이런 현상이 나타나게 되는 것일까? 그것은 '행복함수의 충족과 미충족의 결과'에 대해 개인의 책임으로 바라보는 관점과 공동체의 책임으로 바라보는 시각이 합의되지 못한 채 양립하여 존재하기 때문이다. 30년 동안 그 어떤 집단에서도 "우리 사회에서는 '하루 두 끼'의 일상이 용납되어서는 안 된다"는 공동체의 단일성에 기반한 연대가 성립되지 못했다. 이것은 결국 음식 결핍과 공적 욕망 달성 간의 관계성을 공적 소비로 실현시키지 못한 결과로 이어지게 했다.

다만, 우리 사회는 공동체의 지원을 사회적 취약계층으로 한정하는 것으로 합의를 보았다. 이것은 즉, 행복함수를 충족할 수 없는 사람들에게 최소한의 보조금을 지원하는 시혜적 프로그램과 선한 공동체 의식에 의지한 자원봉사 및 후원 등의 소극적이고 잔여적인 방식으로 대응하고 있음을 의미한다. 철저하게 개인의 소비 능력에 초점을 맞추는 관점이 여전히 작용되고 있음을 보여 주고 있다.

이와 같은 사회적 가치체계는 청년세대에까지 '영양 결핍'이 전이되도록 하였다. 더 나아가 공동체로 하여금 사회 곳곳에서 '텅 빈 냉장고', '영양실조로 인한 사망' 등의 가슴 아픈 사건들을 목도하게 하였다. 우리의 기억 속에는 아직 10여 년 전, 젊은 시나리오 작가가 영양 결핍과 지병으로 죽기 전에 남긴 메모가 남아 있다. "창피하지만, 며칠째 아무것도 못 먹어서 남는 밥이랑 김치가 있으면 저희 집 문 좀 두들겨 주세요." 그 이후에도 이런 비슷한 죽음은 여전히 일어났으며, 그때마다 철학 없는 비판만이 난무하는 공허한 논쟁을 되풀이하고 있다.

행복달성의 책임을 개인에게 귀결시키는 입장은, 소비 능력이 부족해 '행복함수'에 도달하지 못하는 개인과 가족이 존재하는 사회를 당연하게 여긴다. 이러한 생각이 지배적인 사회는 삶의 전반적인 모든 영역에서도 개인에게 행복달성의 책임을 전가한다. 사회라는 공동체보다 개인의 책임이 강화된 철학은 우리나라의 '영양 결핍'에 이어 미국의 '안전 결핍'과 관련한 사례에서도 확인할 수 있다.

"신학기 필수품은 '방탄 백팩' … 잇단 총기사고에 판매량 늘어." 미국의 이슈를 다룬 국내 한 신문의 기사 제목이 나타내는 바처럼, 미국 사회에서는 총기 사건으로 발생하는 안전과 생명에 대한 위협은 1차적으로 개인과 가족의 소비 능력으로 귀결시킨다. 행복달성은 개인의 능력이라는 매커니즘의 영향 아래에서 결코 자유롭지 못하다.

공동체 내의 '우리 아이들'이지만 자녀들이 학교에 안심하고 다닐 수 있도록 대형마트에서 부모가 150~500달러에 육박하는 방탄가방이라는 안전을 구매해야 한다. 부모도 아이들을 학교에 등교시킬 때 핸드백에 소형 권총을 휴대한다. 학교 공동체의 구성원 모두, 가족의 소비 능력을 위험으로부터의 격리, 안전에 대한 보장의 기준이자 장치로 인식할 수밖에 없는 사회적 환경이라는 현실에 굴복해야만 한다.

다시, 한국으로 돌아와 보자. 2017년도에 대학생 1천 155명을 대상으로 실시한 조사 결과를 보면, 대학 입학 후 1학년 때 학자금을 대출받는 학생의 비율이 14.9퍼센트이며 1인당 평균 514만 원의 부채를 짊어진다. 4학년은 36.3퍼센트의 학생이 등록금을 대출하고 1인당 평균 1천 126만 원의 부채를 보유하게 된다. 상황이 이렇다 보니 공부에 오롯이 시간을 투자할 수 있는 학생은 오직 행복함수를 충족할 수 있는 소비 능력을 갖춘 가족의 자녀뿐이다.

가족의 소비 능력이 부족한 학생은 기숙사에 들어가 부모의 부담을 덜어 주고 싶어 한다. 그러나 기숙사 수용률이 20퍼센트 수준에 불과해서 그곳에 입주하는 것도 쉽지 않다. 이런 학생이 많아지자, 대학에서는 기숙사 추가 건립을 계획한다. 하지만 곧 '대학이 기숙사 장사가 왠 말이

냐!'는 지역 주민들의 당황스러운 반대에 부딪혀 좌절되고
만다. 기숙사가 늘어나면, 하숙집 주인이나 원룸 임대업
자의 수익이 줄어들기 때문이다.

결국 청년 학생들은 공부 시간을 아르바이트하는 시간
으로 전환해 돈을 벌어야 한다. 학자금 대출 이자를 갚아
나가야 하고 5평짜리 원룸에 45만 원에 달하는 월세를 내
야 한다. 수입은 빠듯한데 월세를 감당하기 위해 식비를
줄여야 한다. 그래서 세끼 식사 중 한 끼 굶는 것을 삶의
한 부분으로 받아들이게 된다. OECD 38개국 중 행복함

$$\underset{\text{행복}}{H} = \underset{\text{욕망}}{\frac{\overset{\text{소비}}{C}}{D}} = \mathbf{1} + \underset{\text{사적 욕망}}{\frac{\overset{\text{사적 소비}}{C}}{D}}$$

$$\underset{\substack{\text{행} \\ \text{복} \\ \text{권}}}{} = \underset{\substack{\text{공적} \\ \text{욕망}}}{\frac{\text{공적}}{\text{소비}}} = \underset{\substack{\text{음식 섭취} \\ \text{욕망}_1}}{\frac{\text{소비}_1,}{\text{식생활}}} + \underset{\substack{\text{정주} \\ \text{욕망}_2}}{\frac{\text{소비}_2}{\text{주거 생활}}} + \underset{\substack{\text{건강 안전의} \\ \text{욕망}_3}}{\frac{\text{소비}_3}{\text{공적제도}}} + \underset{\substack{\text{교육의} \\ \text{욕망}_4}}{\frac{\text{소비}_4}{\text{학교제도}}} + \cdots \underset{\substack{\text{공적} \\ \text{욕망}_n}}{\frac{\text{공적}}{\text{소비}_n}}$$

수 최하위권에 지속적으로 머물러 있다는 것은 '행복달성의 책임은 개인이다'는 생각에 매몰되었기 때문이 아닐까.

앞서 강조했다시피, '행복함수＝1'을 지켜 낼 수 있는 공적 욕망의 범위와 수준을 사회적으로 합의해야 한다. 이를 위해서는 본질적 인간으로서의 기본권인 시민권 및 사회권의 개념과 내용에 대한 철학이 확립되어야 한다. 기본적인 의식주를 비롯해 건강과 안전이 보장될 수 있도록 사회적 수준의 구체적 지표를 설정해야 한다.

교육 역시 공적 소비에서 다루어져야 할 공적 욕망이다. 교육 수준은 소득 수준과 상호 연관성을 지닌다. 개인의 차원이 되었건, 가족이나 국가의 차원이 되었건 교육 수준이 높으면 그에 따라 소득 수준도 함께 상승하게 되고 삶의 질 역시 향상된다. 뿐만 아니라 부모 세대의 교육 수준이 높으면 자녀 세대의 교육 수준도 그에 상응하는 수준을 유지하게 되고 삶의 질 수준 역시 동일한 관계성 하에 놓이게 된다.

이는 이미 여러 연구들을 통해서 증명된 바 있다. 이러한 까닭에 세대에서 세대로 이어지는 '불행의 연속성'을 뛰어넘는 효과적인 방법으로 교육제도의 공공성 강화가 주장된다. 교육제도의 공공성 강화는 교육을 개인의 차원이 아니라 공동체의 차원에서 공적 욕망과 공적 소비를 개념화하고 대응할 수 있도록 제도화 하는 것에 대한 합의를 의미한다.

그래서 교육을 비롯한 여러 분야에 대한 공공성 강화는 세대 간의 연대와 책임을 측정하는 핵심 지표로 제시된다. 공적 욕망을 공적 소비로 대응하면 할수록 긍정적 효과는 광범위하면서도 장기적으로 나타난다. 미래 세대를 위해서라도 현재 한국 사회에서 시민권 확보가 필요한 이유가 여기에 있다.

그 누구도 행복함수를 충족하지 못하는 사각지대로 떨어지지 않도록 인간으로서의 인권을 본질적으로 보장받을 수 있는 시민권의 확보는 헌법 제10조 행복추구권의 실현에 좌우된다. 행복을 추구하기 위한 기본적 재화와 서비스에 대한 평등한 접근성, 비시장적 원리에 따른 자원 배분을 의미하는 사회권의 보장이 정책의 실행으로 나타나야 한다. 이것은 공적 소비를 결정하는 정치 영역에 공동체가 얼마나 적극적으로 참여하느냐에 달려 있다.

공동체의 참여는 좋은 공동체의 영속성을 확보하기 위한 필요충분조건이다. 내가 어려움에 처했거니, 남이 어려움에 처했을 때, 측은지심의 마음으로 도움을 받고 도움의 손길을 내미는 것은 개인으로서의 인간이 지닌 미덕이다. 하지만 더욱 중요한 것은 연대하는 개인, 공동체적 차원으로 시야를 넓혀야 한다.

일회적이고 단면적인 그리고 시혜적인 자원봉사를 뛰어넘어, 공적 욕망의 범위와 수준, 그에 따른 공적 소비와 공공서비스로 지속가능한 정책이 마련될 수 있도록 시민들은 공동체의 연대에 대해 숙고해야 한다. 이것이 바로 '행복함수=1'을 충족하는 공적 욕망으로서의 사회적 명제를 지키는 일이다.

10

수혜자는 왜 항상 부끄러워야 하는가
- 도움과 나눔의 질적 차이 -

"국가는 동등한 자들의 공동체이고,
국가의 목적은 공동체 구성원의 행복한 삶"이라고
이미 2천 500년 전 아리스토텔레스가 말했다.

자원봉사자 A는 매일 아침 복지관에 가서 자원봉사로 나눔 활동을 한다. 독거 어르신을 위한 도시락 자원봉사를 이어 온 지 5년은 된 듯하다. 이런 나눔 활동을 마을에서 꾸준히 실천하고 있다는 것에 대해서 본인 스스로도 자랑스럽게 생각한다. 가족의 아침 일정이 마무리되는 9시 반쯤 복지관의 경로식당으로 출근 아닌 출근을 한다.

3층에 위치한 경로식당에 도착하면 어르신들이 복도 의자에 늘 똑같은 순서로 나란히 앉아 계신다. 복지관 경로식당을 이용한 경력 순이라는 것은 오래 봉사한 A 같은 사람만이 알 수 있다. 주방 조리실에는 새벽같이 온 자원봉사자들이 조리사 선생님을 도와 뜨거운 열기 앞에서도 정성스럽게 밥과 반찬을 만든다. 반갑게 인사를 하고 도시락을 포장한다. 그리고 어르신들에게 조금이라도 더 따뜻한 도시락을 드시게 하기 위해 서둘러 복지관을 나선다.

엄마 끼니 챙겨 드리는 마음

A는 도시락 배달을 하면서 알게 된 사실이 있다. 대부분의 어르신들이 햇볕도 잘 들지 않는 반지하에 살면서 전기세 부담으로 전등도 켜지 않고 생활한다는 것을. 눈에 안 좋다고 아무리 말씀드려도 언제나 방안은 어두침침하다. 외로움을 달래기 위해 켜 놓은 TV에서 나오는 빛에만 하루 종일 의지하는 것 같다. 찾아오는 사람이 없어서인지 도시락을 드리기 위해 문을 열면 늘 반갑게 맞이해 주신다.

도시락만 드리지 않고 잠시라도 이야기를 나눈다. 손한 번 더 잡고 오랜 시간 이야기하고 싶지만 다른 어르신

들의 아침 겸 점심이 늦어질 수 있어 다시 발걸음을 재촉
한다. 친한 친구 B도 다른 복지관에서 자신과 동일한 자
원봉사를 하기에 종종 서로의 경험을 나눈다. "너도 쉽게
발길이 떨어지지 않니?" 하고 물으면 그도 역시 "똑같이
아쉬운 마음"이라고 대답한다.

어르신들께서 "고맙다"고 말씀하시니 보람을 느끼지
만, "고생시켜서 미안하다"는 이야기를 들을 때면 왜 그런
말씀을 하시는지 전혀 이해가 되지 않는다고 했다. 어느
날 친구는 그 어르신께 "왜 자꾸 미안해하시냐?"고 물었
다. 그러자 "아무 쓸모없는 이 늙은이 때문에 젊은 사람이
매일 도시락 챙겨 준다고 비가 오나 눈이 오나 찾아와 주
니 얼마나 미안한지 모르겠어"라고 대답하셨단다.

친구는 그런 말씀 하시면 오히려 자신이 미안하다고 하
면서, 할머니를 뵐 때면 돌아가신 어머니 생각이 나서 그
냥 "엄마 끼니를 챙겨 드리는 마음"이니 부담 갖지 마시라
고 말씀드렸다고 했다. 자원봉사를 하는 A와 B는 도시락
봉사 활동뿐만 아니라 전기세와 냉난방비 정도의 금액도
정기적으로 후원한다.

마을에서 자신들의 봉사활동이 조금이라도 도움이 되
고 있다는 생각에 자긍심을 지니고 있다. 하지만 골목에

서 폐지를 줍고 다니는 어르신들이 예전보다 늘고 있다는
것을 체감하기에 걱정을 떨칠 수가 없다. 아울러 도시락

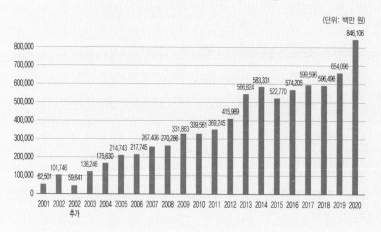

사회복지 공동모금회 후원금 증가 현황

(단위: 백만 원)

사회복지 자원봉사 현황

최저점 5,946,729명
최고점 8,675,733명

2013　2014　2015　2016　2017　2018　2019　2020

(보건복지부, 2022)

을 받아야 하루 식사를 해결할 수 있는 어르신의 숫자도 늘어나면 늘어났지 줄어들지 않고 있다.

한국 사회에서 봉사활동을 하는 사람은 계속 늘고 있다. 자원봉사자 A와 B처럼 착한 마음의 선한 이웃이 늘어나고 있다. 가난하거나 어려운 이웃을 위해 인적·물적 기증에 나서는 사람들이 증가하고 있다. 관련 단체에 등록하는 숫자도 늘어나고, 활동도 활발해지고 있다. 커져가는 착한 마음만큼 공동체의 행복이 증가하고 고통받는 이웃은 감소할 것이라는 선한 사람들의 믿음이 존재한다. 그런데 그들의 노력만큼 정말 공동체는 행복이 증가하고 있을까?

유엔 산하 자문기구인 지속가능발전해법네트워크가 최근 공개한 《2022 세계행복보고서》에 따르면, 한국의 행복함수는 OECD 38개 회원국 중 36위이고 조사 대상 146개국 중에서는 59위인 것으로 조사됐다. 행복함수 1위는 핀란드, 2위는 덴마크, 3위는 아이슬란드로 1~3위까지 모두 북유럽 국가들이 차지했다. 2021년 한국개발연구원KDI의 경제정보센터가 발간한 〈나라경제 5월호〉에 따르면 '2018~2020년 평균 국가행복함수'도 한국은 10점 만점에 5.85점으로 '세계 10위 경제대국임에도, 국민이 체감하는

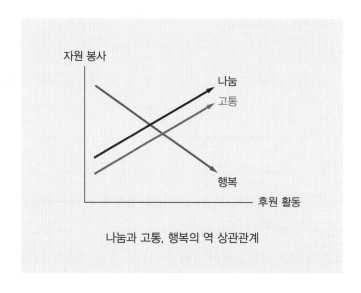

나눔과 고통, 행복의 역 상관관계

삶의 만족도는 OECD 최하위권'인 것으로 집계됐다.

아동청소년 행복함수 역시 2021년 기준, 조사에 참여한 OECD 22개 국가 중 최하위를 차지했다. 고통의 총량 측면에서도 노인 빈곤율이 40퍼센트 수준에 이르러 1위를 차지하고 있다. 노인 자살률은 10만 명당 약 46명으로 OECD 평균의 2.7배이다. 이유가 무엇일까? 선한 이웃이 점점 늘어나고 후원자도 증가하고 있는데, 왜 공동체가 겪는 고통의 총량은 감소하지 않는 것인가?

자선과 도움의 시혜

나눔은 이웃의 이익을 위해 혹은 보다 나은 공동체를 위한 실천 활동이다. 이타성을 발휘하여 타인과의 연대성을 실천하는 운동적 성격이 내재되어 있다. 개인이건 공동체건 나눔이라는 활동을 통해 행복을 도모할 수 있기 때문이다. 그러므로 나눔은 다양한 영역에서 이루어지고 나눔의 내용 역시 무척 다양하다.

나눔이 실천으로서의 성격을 지니고 있는 것은 나눔의 행위에는 철학이 전제되어 있기 때문이다. 인간의 모든 행위에는 행위를 결정짓게 하는 판단이 있고 그 판단은 인식을 기반으로 한다. 그런데 인식은 개인의 철학적 가치체계를 반영한다는 것에 중요성이 있다.

그러므로 나눔이라는 실천의 행위는 개인과 개인이 속해 있는 공동체가 '나눔을 어떻게 바라보고 있는가'를 바탕으로 이루어진다. 실천으로서 나눔의 철학은 크게 두 가지로 구분해 볼 수 있다. 이 두 가지 철학적 관점의 차이는 상반된 나눔의 결과를 초래한다.

첫 번째는 공동체가 보유하고 있는 사회적 가치부와 권력, 물적 자원 등에 대한 나눔으로 규정된다. 근대 국민국가, 시민국가가 나타나면서 국가의 역할과 의무는 개인에 대한 보호, 인권 보장으로 귀결된다. 개인의 인권 보장에 있어서 가장 걸림돌로 작용하는 것이 빈곤이다. 이에 사람들을 빈곤으로부터 보호해야 한다는 믿음이 국가공동체의 가치 규범으로 자리잡게 된다.

국가는 개별 공동체에 '당연히 가난해야 할 사람은 아무도 없고 누구도 가난할 필요가 없어야 한다'라는 구체적 정책을 제공해야 한다. 그래야 시민들은 자신이 속한 국가공동체를 신뢰할 수 있다. 나눔을 위한 시민의 활동은 국가가 이 믿음을 공고히 지켜 나갈 수 있도록 요구하고 감시하는 활동이어야 한다.

그 누구도 가난하지 않고 인간적인 삶을 누릴 수 있도록, 사회적 가치에 대한 나눔이 정책으로 잘 실행되면 시민들이 정부를 지지하게 되는 것은 당연한 귀결이 된다. 만약 정책이 제대로 이루어지지 못하면 여론의 비판이라는 정치적 영향력을 행사하여 그 정책이 수정·보완되도록 국가에 요구해야 한다. 그렇기에 민주주의가 발전된 국가일수록 인권을 보장하고 시민권과 사회권의 요구를 정치적으로 표출할 수 있는 제도가 잘 갖춰져 있다.

두 번째는 개인의 도덕성과 인도주의에 기반한 자선 활

동으로 규정된다. 가진 자가 못 가진 자에게 동정적이고 시혜적인 마음으로 베푸는 일시적 혹은 지속적인 활동이다. 이와 같은 관점에는 기본적으로 공동체가 보유하고 있는 부와 권력, 물적 자원의 불평등한 분배가 전제되어 있다. 부의 불평등과 개인의 빈곤은 게으름과 자립정신의 부재에 대한 결과로 나타난다.

사회적 취약계층은 게으르고 자립정신이 부족한 집단이기에 이들이 고통받는 것은 당연한 것이라 여긴다. 그럼에도 불구하고 사회적 취약계층에 대한 나눔이 필요한 이유는 그들이 지역사회에서 올바르게 적응할 수 있도록 해야 한다는 윤리적·도덕적 신념 때문이다.

이와 같은 나눔 활동은 사회봉사로 개념화되어 시혜자와 수혜자 간 차별적 우월의식이 자연스럽게 존재하도록 선을 긋는다. 더 나아가 국가에서 시행하는 사회복지 역시 정책적 차원이 아닌 가난하고, 어렵고, 불쌍한 사람, 결국엔 나보다 못한 사람을 돕는 시혜적 차원으로 한계지어 버린다.

나눔과 권리의 호혜

나눔은 공동체가 누리고 있는 가치를 자발적으로 함께 나누는 것을 의미하며 앞서 설명한 바와 같이 두 가지 형태로 발전한다. 하나는 공동체의 시민권적·사회권적 차원으로 접근하여 가장 큰 공동체인 국가의 의무가 되도록 하는 방식이다.

이와 같은 나눔에 대한 철학은 독일과 북유럽 국가들을 중심으로 형성되었다. 이들은 이 가치를 학교 교육 속에 기본적인 의무교육으로 시스템화하였다. 나눔의 가치는 국가공동체를 구성하는 시민의 기초적인 소양이 되었으며 연대의 정신으로 펼쳐지게 되었다. 이것이 바로 복지국가의 시민성이다.

다른 하나는 개인의 윤리적·도덕적 덕목을 강조하여 공동체의 자발적 책임으로 인식하도록 하는 방식이다. 영국 왕실과 귀족들의 모범으로 여겨지는 노블리스 오블리제Noblesse oblige, 귀족은 의무를 지닌다는 뜻의 프랑스어 표현으로, 부와 권력은 그에 따르는 책임과 의무를 수반한다는 뜻의 정신이다. 존경받는 개인의 인도주의적 실천과 자선의 덕목으로 발전하게 된다. 인류애를 위한 실천, 공동체를 위한 자원봉사가 도덕적 규범으로 강

화되고 구체화된 대표적 사례가 대처리즘Thatcherism, 마거릿 대처
전 영국 총리의 정치 노선과 그것을 추종하는 이들을 가리킴이다.

대처는 '정부가 시민들을 도와주어야 한다'고 아이들에
게 가르치는 것은 매우 잘못된 교육이라고 주장하며 복지
국가의 정책 기조를 전면적으로 부정하였다. 대처는 20세
기 세계의 20대 정치인 가운데 한 명으로 선정될 만큼 강
한 영향력을 행사한 인물인데, 개개인이 먼저 스스로를
살펴보아야 하고 그런 후에 이웃을 돌보아야 한다고 공동
체의 역할을 재규정하였다. 이에 따라 대처 정부는 이웃
을 돌보는 것은 정부의 책임이 아니고 시민들의 의무라고
말한다.

대처가 믿었던 이 신념은 대처리즘으로 상징되어 영국
을 비롯해 전 세계 도처에 급속히 확산되었다. 보수주의
적 가치를 재확립시키고자 하는 신자유주의의 흐름이 지
구를 덮치게 된 것이다. 신자유주의는 개인이 겪는 다양
한 문제들의 원인과 책임, 해결 방법을 국가에게 요구하
는 것은 위선적 태도라고 비판하고, 국가의 역할을 축소
하고 개인의 자율과 책임, 윤리적·도덕적 의무로서의 자
선과 시혜를 강조하였다.

나눔에 내재되어 있는 두 가지 철학을 이해하는 것은

매우 중요하다. 철학적 차이를 충분히 인식하지 못하고 혹은 나눔에 대한 고민과 토론 즉 숙의 민주주의 과정을 충분히 거치지 못한 상황에서 공동체의 나눔이 실천된다는 것은 단순한 행위에 불과할 뿐이다.

'왜 나눌 것인가?'에 대한 관점과 철학이 부재한 상태에서의 나눔은 위험하다. 이 나눔은 결국 목적성을 잃게 되고 대처와 같은 큰 목소리의 정책 주도자에 의해 나의 지향과는 전혀 다른 목적성을 가진 공동체에서 살아갈 수 있기 때문이다.

아무도 부끄럽지 않은 나눔

"김 선생님 계십니까?"

"어느 김 선생님 말씀이시죠? 김 선생님이 몇 분 계셔서요."

"복지2팀 사회복지사라고 하던데 …… 그 ……"

늦은 오후의 복지관 사무실은 행정 업무로 정신이 없다. 오전에는 팀별로 프로그램을 진행하거나 서비스를 제공하느라 바빴기에, 오후에는 처리해야 할 서류 더미가 기다리고 있기 때문이었다. 딴생각할 틈도 없는데, 나이 들어 보이는 한 사람이 복지관 사무실로 들어선다.

"네, 제가 김○○ 사회복지사입니다."

사무실의 모든 직원들이 순간 한 사람을 떠올리며 동시에 쳐다본다. 김 선생도 저분이 찾고 있는 사회복지사가 자신이라는 것을 직감한다. 사무실 문 앞에 서 있는 낯선 방문객에게 다가간다. 그러고는 생각한다. 옷차림새를 보니 좀 어려워 보이는데 무슨 문제를 갖고 있으려나, 얼굴을 보니 어딘가 아파 보이기도 하고, 혹시 혼자 사나?

김 선생은 직업적 경험 때문에 짧은 시간 동안 자동적으로 눈에 보이는 여러 데이터를 취합해 그 사람의 상황들을 머릿속으로 유추하고 있다. 김 선생뿐만 아니라 사무실에 있는 대부분의 사회복지사들 역시 마찬가지다. 한 사람의 상황을 파악하는 것. 그도 그럴 것이 대학 4년 동안 배우고 익힌 것이고 복지관에 입사해서도 전문성 향상이라는 명분하에 이와 같은 교육 훈련을 받았기 때문이다.

서비스의 제공 후원, 프로그램 참여, 자원봉사자 연결 등의 행정적 조치를 취하기 위해서는 명확한 기준을 설정해야 한다. 기준은 점점 다양해진다. 소득, 장애, 연령, 성별, 건강 상태, 가족관계, 그리고 최근 추가된 국적과 인종 등 근거가 되는 기준이 있어야 서비스 제공의 오류를 막을 수 있다.

더 놀라운 것은 사회복지사를 찾아온 지역주민 역시 김 선생이 자신에 대해 그와 같은 기준을 적용할 것을 알고 있다는 것이다. 대학 4년 내내 사람에 대한 기준을 어떻게 적용해야 하는지 배웠고 잘 알고 있지만, 그것의 존재 그리고 그 '선'에 대해 지역사회 사람들에게 알려준 적이 없었는데도 말이다.

사회적 취약계층은 끊임없이 계속 나타난다. 이에 대한 지역사회의 해결책은 자원봉사와 후원 등의 나눔 활동이다. 나눔의 활성화를 위해 마을이 움직인다. 기준선 위의 사람들은 자원봉사와 후원으로 이웃사랑을 실천한다. 기준선 아래의 사람은 도움을 받기 위해서는 자신의 어려움과 고통을 낱낱이 드러내야 한다.

때로는 '당신의 도움이 없다면 나는 더 이상 살아갈 힘이 없어요'라며 호소해야 한다. 존엄한 인간으로서 국가의 책임과 역할을 권리로 요구하는 것은 전혀 생각할 수 없다. 나눔의 역할과 책임이 개인에게 귀결되는 가치규범이 법률과 제도에 의해 강하게 작동하고 있다.

마을에서의 복지사업은 나눔의 활성화, 선한 이웃을 자원봉사자로 발굴하여 어려운 이웃을 도울 수 있도록 연결하고 후원자를 찾아 결연해 주는 것이라고 지역사회의 주민은 인식한다. 가난을 개인의 책임으로 귀결시키는 구조가 고착화되고, 나눔을 개인의 역할로 귀결시키는 질서가 구축되는 헤게모니가 전이효과를 통해 마을 전반에 스며들어 있다.

김 선생뿐만 아니라 마을 사람들 모두 자연스럽다. '그렇지, 사람은 기준이 있지. 도움을 받아야 할 사람과 도움을 주어야 할 사람'으로 나뉘게 된다고 믿고 있다. 한국 사회처럼 나눔의 개인화가 철저하게 구조화된 곳이 바로 미국이다. 미국 사회는 부와 빈곤을 사회의 구조적 문제로 인식하기보다 개인의 능력이라고 여기는 경향이 아주 강하다.

가난은 가난한 자의 게으름과 능력 부족에서 비롯된 것이기 때문에 그 책임은 가난한 자에게 귀속된다. 그러므로 사회복지정책도 가난한 사람들만을 대상으로 소득 보조 차원에서 지원하는 정부 정책의 한 과제일 뿐이다. 분야별 지원 정책은 인도주의적 자선이라는 도덕에 근거하였기에 빈곤 문제를 근본적으로 해결할 수 없다.

미국이 지향하는 철학과 가치는 경쟁력 있는 개인과 시장에서의 자유를 완벽하게 보장한다. 그래서 부자들은 더욱 부자가 되고 가난한 사람들은 더 가난해진다. 양극화의 골이 깊어지는 구조가 강화된다. 부와 빈곤을 개인의 능력으로만 생각하기 때문에 가난한 사람들은 무능하고 게으르고 불쌍할 뿐이다. 부자들은 그들에게 '적선하듯' 노블리스 오블리제를 실천한다.

사회적 양극화를 고착시킬 것인가 해체할 것인가? 나눔에 내재된 두 가지 철학적 차이를 분석해 보면 그 내부를 좀 더 명확히 들여다볼 수 있을 것 같다. 이를 위해서는 나눔의 주체와 나눔의 내용, 나눔의 대상을 비롯해 나눔의 방식에 이르기까지 살펴보아야 한다.

첫 번째는 나눔을 '누가 실천한 것인가' 하는 문제로, 나눔을 실행하는 주된 주체는 '누가 되어야 하는가'라는 질문이다. 나눔의 실행 주체는 개인과 공동체(국가)로 구분할 수 있다. 개별적 행위인가 혹은 공동체적 행위인가로 나누어 살펴보아야 한다. 나눔의 실행 주체를 개인으로 설정한다는 것은 선한 이웃이 가난한 이웃을 도와주는 시혜적 측면을 강조한 것이다.

개인	내용		공동체(국가)
누가 나눌 것인가?			
개인의 잉여 자원	내용	무엇을 나눌 것인가?	공동체의 자산
규정된 사회적 약자	대상	누구와 나눌 것인가?	공동체 구성원
자선과 시혜의 방식	방식	어떻게 나눌 것인가?	권리와 급여의 방식
윤리적 · 도덕적 의무	철학	왜 나눌 것인가?	시민권 · 사회권 책무

나눔의 실행 주체에 따른 나눔의 요소들

그러나 나눔의 실행 주체를 국가로 본다면 정부가 나눔의 실행 주체가 된다. 국가의 나눔 행위는 정책을 의미하고 정책을 실행할 수 있는 근원적 힘은 시민으로부터 나오는데, 시민들은 이를 위해 국가에 권력을 위임했다. 이처럼 나눔의 실행 주체가 개인인지 공동체(국가)인지에 따라 나눔의 내용과 대상, 방식 등에 차이가 발생한다.

두 번째, 나누기는 나누되 무엇을 나눌 것인가에 대한 질문이다. 나눔의 내용에 대한 것은 '나눔의 주체가 무엇을 전해 줄 것인가'와 깊은 연관을 맺게 된다. 개인으로서의 선한 이웃이 주체가 되어 나눔을 하게 되면 당연히 나눔의 내용은 선한 이웃이 소유하고 있는 인적·물적 자원에 한정된다.

이런 나눔은 자신의 시간과 행위적 노력을 기울여 자원봉사 활동을 한다든지 혹은 소득이나 보유자산 중 경제적으로 여유가 있는 것을 찾아 후원 금품으로 전해 주는 것으로 이루어진다. 예를 들어, 지역 조부모 아동세대에 대한 결연 후원금, 연말연시의 쌀과 연탄 나눔, 김장김치 전달, 복지시설 봉사활동 등이 있다.

그러나 정부가 주체가 되어 나눔을 실행하는 것은 개인의 잉여 자원과는 전혀 다른 측면의 자원임을 의미한다. 왜냐하면 공동체의 사회적 자산에 대해 나눔의 구조를 계획한 내용이 되어야 하기 때문이다. 개인이 아닌 공동체가 공동으로 이룬 사회적 자산이기에 공동체의 구성원 모두에게 균등하게 분배될 수 있도록 나눔의 구조를 보완하거나 수정해야 한다.

'불쌍하고 가난하니 도와야 한다'가 아니라 '공동체의 구성원이기에 나눠야 한다'로 의식을 전환해야 한다. 이것이 가능할 수 있는 것은 시민 개개인이 국가에게 권위와 권력을 민주적 방식으로 위임했기 때문이다. 그래서 시민들은 동정이 아니라, 나누어 달라고 할 권리가 있는 것이다.

이런 권리나눔의 대표적인 사례로는 사회적 급여가 있는데, 영유아를 위한 공보육, 학생을 위한 공교육, 모든 국민이 적용받는 건강보험, 청소년·장애인·노령 세대를 위한 대중교통체계 등을 꼽을 수 있다.

세 번째는 누구와 나눌 것인지, 나눔의 대상을 어떻게 선정할 것인가 하는 문제다. 경제적 여력이 있는 선한 이웃이 주체가 되어 나눔을 하게 되는 관점이라면 나눔의 대상은 선한 이웃의 따뜻한 마음을 전달받을 만한 자격이 있는 사람이어야 한다.

그러나 공동체의 영역에서는 이 문제가 해소된다. 일반적인 국가에서는 사회적 약자로 규정되어야만, 기준선 아래로 구분되어야만 도움을 받을 수 있다. 그러나 복지국가공동체에서 나눔의 대상은 공동체 구성원 모두가 된다. 그냥 사람이면 되는 것이다. 기준선에 도달하느냐 미달하느냐 따위의 규정은 필요하지 않다.

네 번째는 '어떻게 나눌 것인가' 하는 문제이다. 나눔의 방식으로 인해 나눔의 주체와 대상 사이에 위계 관계가 나타나기도 한다. 자선과 시혜의 방식으로 나눔이 규정되면, 도움을 받는 사람은 베푸는 이들에게 왠지 모를 미안함과 고마움이 생긴다.

혹여 고마움의 마음을 표하지 않을 경우 다시는 도와주지 않을지도 모르겠다는 염려 때문에 도움을 주는 사람과 받는 사람 간의 권력관계가 암묵적으로 형성되기도 한다. 그러나 권리와 급여의 방식으로 나눔이 규정되면, 나눔과 분배가 국가의 의무와 역할, 책무가 된다.

나는 내가 어려울 때를 대비해 세금을 냈다. 돈보다 더 중요한 것은 자연적, 사회적 위협으로부터 나를 보호해 줄 수 있다는 국가에 대한 믿음으로, 우리는 이미 권력을 위임한 바 있다. 따라서 국가는 자신의 책무와 역할을 제대로 수행하기 위해 공공재를 나에게 나누어야 하는 것이다.

다섯 번째는 나눔에 내재되어 있는 철학이다. 나눔의 주체, 내용, 대상, 방식 등 공동체 내에서 나눔이 어떠한 모습으로 나타나도록 하는지, 나눔에 내재된 권력관계의 규정 등을 결정짓는 관점이자 근본이 되는 관념이다. 나눔을 규정짓는 철학은 인간을 차별적 존재로 바라볼 것인지 평등한 존재로 볼 것인지로 나누기도 한다.

인간을 차별적 존재로 바라보는 철학은 그것을 원인으로 하여 결과로서의 불평등을 당연한 것으로 받아들이게 한다. 이에 따라 인간소외 현상 역시 자연스러운 것이 되어 버린다. 그러나 우리는 인간으로서 측은지심과 이성을 지니고 있기에 여유가 있는 사람들은 윤리적·도덕적 책무로 불쌍한 사람을 도와주기도 한다.

반면, 인간을 평등한 존재로 바라보는 철학은, 구조가 초래한 결과이자 인간에 대한 소외의 원인으로 불평등을 인식한다. 평등을 추구하는 사회에서는 어떤 사람도 어떤 이유로도 동정을 받지 않는다. 그렇기에 부끄러워할 필요도 없다.

시혜적 입장으로 타인을 돕는 것이 아니라, 당연한 권리로서 나눔을 요청하는 것이기 때문이다. '나누어 달라고 하는 것'은 구걸이 아니다. 이런 사회로 나아가기 위해서 시민권과 사회권을 강화하도록 시민들이 목소리를 내야 하고, 이것으로써 시민들은 국가의 복지 구조를 바꿀 수 있다.

11

나눔의 마을 만들기, 어떻게 가능한가

- 공동체가 함께 대응하는 이유 -

세계사회복지사협회는
'사회복지 실천은 어려운 사람들을 도와주는 자선이라기보다
모든 사람들이 연대하는 것을 조직해야 함'을 강조한다.

"최근 지역사회에서 자주 발생하고 있는 위기 사례들에서 가장 심각한 상황은 경제적 부분입니다. 공적 전달 체계가 갖고 있는 절차적 한계를 해결하는 데 오히려 더 큰 힘을 쏟아야 하는 일이 종종 발생합니다. 가구의 경제적 문제가 해결되지 않은 상태에서는 일상생활이나 정서적 부분의 통합 서비스의 효과를 기대하는 것은 어렵습니다. 긴급 사례나 위기 사례에서 빈곤은 문제 해결을 위한 노력에 절망을 느끼게 하는 가장 큰 한계 요인입니다. 이런

상황에서 가족의 기능 회복이나 강화는 접근조차 어렵습니다." 사회복지사로 현장에서 일하는 한 지인의 말이다.

절차를 밟아야 받을 수 있는 희망

복지관에서 발굴하게 되는 대부분의 긴급·위기 사례가 처한 공통된 한계 상황이다. 그렇기에 이것을 어떻게 극복해야 하는가를 고민해 보지만 딱히 대안이 나오지 않는다. 어느 날 한 아이의 손을 잡고 엄마가 함께 복지관에 찾아왔다. 아이의 낯빛은 그 아이가 얼마나 건강이 좋지 않은지 보여 주고 있었다.

엄마와 상담하고 보니 살고자 하는 희망을 놓치지 않으려고 온갖 노력을 해 왔음을 알게 되었다. 일자리를 구하기 위해 이곳저곳 알아보았지만 그리 쉽지 않았다. 가장 구하기 쉬운 식당 일은 영업이 끝나는 시간까지 마무리를 해야 했고, 그러면 집에 오는 시간이 자정을 넘길 수밖에 없었다.

다섯 살짜리 아이를 두고 생계를 이어 가기에는 한계가 있었다. 근근이 일당제 일을 하며 겨우 하루하루 버티고

216

있는데 아이의 병이 발견되었다. 당장 약을 살 돈도 없는데 무슨 수로 수술비를 마련한다는 말인가! 어머니는 매일매일 생계와 약값에 대한 근심과 걱정으로 하루하루를 버티고 있었다.

'종점에 있는 복지관에 가면 도와줄 수도 있다'는 동네 주민의 말을 듣고 찾아왔지만 정말 도움을 받을 수 있는지 확신이 서지 않는다. 상담을 마친 후 복지관에서는 일단 동 주민센터를 통해 생계비 지원을 요청해 보기로 했다. 하지만 여러 여건으로 인해 수급자 자격에 해당되지 않는다는 답변이 돌아왔다.

"절대 TV에는 못 나가요."

제도적으로 도울 수 없는 상황에서 마지막 방법으로 방송 출연을 제안해 보았다. 엄마를 설득해 보지만 엄마의 목소리에는 단호함보다는 절규가 묻어 나온다.

"백방으로 노력해 봤지만, 아이의 수술비를 마련할 수 있는 방법은 그것밖에 없습니다. 어머니!"
"아무리 그래도 그렇지 …… 그것만큼은 자존심이 허락하지 않아요. 차리리 그냥 놔두세요"

"어머니, 그 말씀이 진심이 아닌 것 압니다. 방송에 나오는 것을
꺼리는 이유도 잘 압니다. 하지만 어떻게든 아이는 살려야 하잖
아요. 방송에 나오더라도 비밀이 지켜질 수 있도록 철저히 준비
할게요."

완강하게 버티던 아이의 어머니가 결국에는 방송 출연
을 결정했다. 제작진과 수차례 회의를 진행하여 촬영팀과
기술팀의 협조를 얻어 무사히 방송을 하게 되었다. 그러
나 다시금 어려운 난관에 부딪힌다. 방송국으로 직접 기
탁된 돈이 아니고, 전화를 통해 납부한 기금이라 한 달 후
에나 전화요금을 통해 접수되고 그것이 다시 은행에서 정
산되어 모금단체로 가는 구조여서 모자가 실제 지원을 받
기까지는 상당한 시간이 걸렸다.

우리 사회는 희망도 절차를 밟아서 받아야만 했다. 이
에 공공 전달 체계의 행정적 한계와 외부 단체 기금의 절
차적 한계를 극복할 수 있는 장치를 마련하자는 의견이
모아졌다. 위기 상황 발생 시 즉각적 지원이 가능한 기금
이나 제도가 있어야 한다는 필요성의 절감이 만들어 낸
결과물로 독립적인 '지역사회 기금회'가 만들어졌다.

지역사회 구성원들이 참여하는 기금회는 큰 반향을 불러일으키고 반신반의하던 사람들도 적극적인 참여자가 되어 함께하게 된다. 기금회를 통해 지역사회에서 발생하는 긴급·위기 사례에 그나마 희망의 불씨를 살릴 수 있게 되었다. 무엇보다 의미있는 것은 이러한 움직임 등이 「긴급복지지원법」 제정의 단초가 되었다는 것이다.

2005년 제정된 「긴급복지지원법」은 생계 곤란 등의 위기 상황에 처하여 도움이 필요한 사람을 신속하게 지원함으로써 위기 상황에서 벗어나도록 돕는 것을 목적으로 한다. 그렇지만 여전히 이러한 '지원'의 움직임에는 한계가 존재하고 있다. 그것은 지원을 받기 위해서는 곤란의 정도가 위기 상황까지 떨어져야 한다는 것이고, 그 지원의 내용과 정도 또한 지역사회에서의 자선에 의지해야 한다는 것이다.

나눔, 윤리라기보다 권리

한국 사회에서의 나눔은 자선과 시혜를 바탕으로 한 자원봉사 및 후원이 중심을 이루고 취약계층에 대한 사회적 배려에 초점을 맞춘다. 도시락 배달, 김장 지원, 말 벗하기 등 인적 나눔 활동과 결연 후원을 비롯한 무료 진료, 음식 나누기 등의 물적 나눔 활동이 지역사회를 거점으로 한 사회복지기관에서 펼쳐진다.

그러나 복지시설이나 복지기관을 중심으로 한 나눔 활동에 비판의 목소리가 나타난다. 나눔 활동이 사업화되고 프로그램화되면서 주는 사람과 받는 사람 모두를 대상화시킨다는 것이다. 이에 복지기관의 프로그램이었던 나눔 사업이 마을의 나눔 활동으로 확장된다.

그리고 지역사회가 함께 참여한다는 차원에서 마을 만들기로 명명된다. 마을 만들기에서의 나눔 활동은 주민이 직접 찾아나서서 주민을 도와준다는 의미로 개념화된다. 기존 나눔 활동이 복지기관의 나눔 프로그램에 참여하는 수동적인 나눔이었다면 주민이 직접 계획하고 대상을 발굴하게 되는 나눔 활동은 능동적인 나눔이라는 것이다.

물론 그렇다. 그러나 나눔의 주체 및 대상, 방식에 내재되어 있는 나눔의 철학은 그대로 유지된다. 담당자가 사회복지시설의 사회복지사에서 경제적, 시간적 여유가 되는 주민 리더로 주체가 바뀌었을 뿐이다. 자선과 시혜의 방식, 권력의 관계성은 그대로 유지되었다.

철학과 관점이 바뀌지 않는 이상 소외계층은 계속 소외될 수밖에 없는 구조이고 참여하는 주민 역시 동원의 대상이지 변화를 위한 권리 나눔의 주체가 될 수는 없다. 마을 만들기를 통해 구조의 변화를 위한 권리의 나눔 활동이 전무하기에 소외계층이 자신의 목소리를 내며 구조의 변화를 위한 나눔 활동에 참여할 수 있는 기회 자체가 마련되지 못하고 있는 것이다.

마을 만들기의 성공 사례로 거론되는 몇몇 지역의 이야기는 마을을 자신들만의 배타적 공간으로 만들었다는 비판을 받기도 한다. 지역사회 내부의 빈곤과 불평등한 구조를 변화시키기보다는 주민 리더들의 활동 현장에 불과하다는 비판을 받기도 한다. 이와 같은 결과는 나눔을 어떻게 보느냐에 따라 그에 대한 실천 역시 달라지기 때문이다.

나눔 활동이 윤리적·도덕적으로 무장한 마을의 리더를 발굴하고 키워 내는 것으로 귀결된다. 물론 마을에 좋은 리더가 있다는 것은 긍정적 요인이다. 마을 만들기에서는 좋은 리더를 발굴하고 성장시키는 것을 역점 사업으로 추진한다. 그럼 과연 좋은 리더는 어떤 주민인가? 마을에서 좋은 리더로 성장한다는 것은 무엇을 의미하는가?

마을 만들기에서의 좋은 리더는 공동체의 약한 부분을 찾아내고 직접 뛰어들어가 그들을 도와준다. 그리고 그것을 바라보는 이웃들에게 선한 영향력을 발휘하여 함께 동참하도록 한다. 약자를 포용하고 이해하는 공감 능력이 뛰어날수록 좋은 리더로서 존경받는다.

마을 만들기의 주민 교육 목표로도 제시되는 덕목이다. 작은 리더에서 큰 리더로의 성장을 위해 필요한 실천이 나눔의 실천이다. 대표적 활동은 성금 모금 활동과 자원봉사 활동이다. 마을에서 좋은 리더의 핵심 요인은 자선과 기부를 위한 나눔 활동의 조직화이다.

자연적이지 않은 사회권

자연적 위험뿐만 아니라 공동체에 존재하는 위험은 다양하다. 복지국가는 개인과 가족이 처한 빈곤, 질병, 교육, 취업 등의 과정에서 발생하는 어려움을 사회적 위험으로 규정짓는다. 이와 같은 요인들이 경제적 고통과 불평등, 사회적 소외 등으로 이어지지 않도록 공동체가 함께 대응해야 한다.

인간의 선한 의지인 인도주의 차원에서 지역사회에서의 나눔 등이 이루어지되 개인의 주관적 가치와 판단을 뛰어넘어 사회적 존재로서 인간이 보편적으로 누려야 하는 기본권에 근거하여 인식하고 판단하여 시민권적 활동, 사회권적 실천으로 나타나야 한다. 지역사회에서의 나눔 활동은 누구나 보편적인 인권을 지니고 있으며 권리로서의 시민권과 사회권이 보장된다는 관점에 근거하여 평등한 공동선의 가치를 실현하는 활동이 되어야 한다.

복지국가는 탐욕적 자본주의에 대한 반성으로 개인의 자유를 보장하면서도 평등을 지향하는 국가 중심의 사회적 나눔 활동을 발전시킨 결과이다. 부와 빈곤의 문제를 개인적 차원이 아닌 사회 구조적 차원에서 바라본다. 특히 부는 편중된 국가정책, 불평등한 사회구조, 가난한 자들의 희생 등이 더 큰 요인이 되어 이루어진 것이라고 인식한다.

한 명의 부자가 나타나기 위해서는 백 명의 시민이 함께 일해야 가능하다는 공동체적 가치를 지향한다. 그러므로 지역사회에서의 활동 역시 국가의 나눔이 시민권과 사회권에 근거한 통합적인 사회정책으로 나타날 수 있도록 연대와 조직화를 위한 활동, 빈곤, 질병, 교육, 취업 등에 있어서 구조적 소외가 어디에서 발생하고 있는가, 감시하거나 구조를 강화시키도록 요구하는 활동에 권리의 나눔 활동이 활성화된다.

아울러 사회적 불평등의 근원이 되는 교육과 의료, 주거의 평등이 추구될 수 있도록 사회적 가치에 대한 나눔을 요구한다. 그렇기에 유치원에서 대학까지 교육권의 나눔이 보장되고 의료보장도 권리로 나눔이 보장된다. 주택 역시 나눔의 내용에 포함되어 정부가 제공하는 공공주택으로 주거권의 나눔이 보장된다. 그야말로 요람에서 무덤까지 공동체에 의한, 국가에 의한 나눔에서 그 누구도 소외되지 않는 철학과 가치 위에 발을 딛고 있다.

같은 젖을 먹는 사람들

앞서 언급한 것을 다시금 되새겨 보자. 아리스토텔레스는 《정치학》에서 개인은 고립되어서는 스스로 만족할 수 없는 존재라고 규정한다. 고립된 개인이 아닌 공동체 속의 개인을 개념화하면서 가족공동체, 마을공동체, 국가공동체를 단계별로 제시한다. 가족은 매일 되풀이되는 생활을 충족시키기 위해 자연적으로 형성되는 최초의 나눔공동체이다.

마을은 가족공동체에서 매일 되풀이되는 것 이상의 필요한 것을 나누기 위한 사회의 역할을 한다. 이에 아리스토텔레스는 마을에 사는 사람을 '같은 젖을 먹는 사람들' 또는 '아들들과 아들들의 아들들'이라고 지칭하며 공동체가 보유한 사회적 가치의 나눔과 연대의 필요성을 제시한다.

또한 마을공동체는 더 큰 국가공동체가 존재해야 완전한 자급자족을 이룰 수 있기에 성공한 국가는 각각의 마을을 위해 좋은 삶의 환경을 제공하고 나누는 것을 목표로 해야 한다. 이것이 국가라는 공동체가 존재하는 이유이며 공동체로서의 완성을 의미한다.

결국 가족, 마을, 국가에서 필요한 공동체의 덕목은 연대와 나눔인 것이다. 그러므로 좋은 마을 만들기를 위한 개인의 성장은 연대하는 시민을 양성하는 것으로 귀결되어야 하고, 누구나 나눔에서 소외되지 않도록 마을공동체, 국가공동체를 만들어 가는 것이다.

실제로 권리의 나눔이 마을에서 펼쳐진다는 것은 어떠한 변화를 목표로 해야 하는가? 권리의 나눔은 자선과 기부를 위한 나눔과는 목표가 다르다. 공동체에서 소외되는 사람을 약자로 규정하고 그를 솔선수범하여 도와주는 역할로서의 리더 발굴과 양성보다는 소외가 발생하는 구조적 모순을 함께 찾고 구조의 변화를 위한 공동체의 노력이 무엇인지 토론하는 시민으로 성장시키는 것을 목표로 삼게 된다.

권리의 나눔에 대한 사례로 어느 초등학교에서 실제 있었던 사례를 들어 보기로 하자. 장애를 지닌 친구의 학습권 보장을 위한 학급회의가 열리게 되었다. 이때 휠체어를 탄 친구가 학교를 자유롭게 돌아다닐 수 있는지, 화장실을 이용하는 데 어려움은 없는지, 휠체어를 타더라도 도서관 이용이 수월한지 등을 조사하자고 제안하게 된다.

만약 자선과 시혜의 나눔 정신이 주된 가치체계로 학생들에게 작용하였다면 논의의 방향은 달랐을 것이다. 만약 이 친구를 어떻게 도와줄 것인가를 주제로 학급회의가 진행되었다면 어떠했을까? 매일 친구를 도와줄 사람의 순번을 정하는 방식 등을 논의하였을지도 모른다.

그렇게 되면 학년이 올라갈 때마다 학급회의는 열릴 것이고 그때마다 이 친구는 도움을 받는 존재, 다른 친구들은 도움을 주는 존재로서 친구들 간의 관계가 유지되었을 것이고, 우리는 그런 모습에 익숙하다. 그러나 이날 학급 회의에서 학생들은 학교의 시설, 그러니까 학습권 행사에 장애가 되는 근본적인 문제를 해결해야 한다고 결론을 내리게 된다.

휠체어를 탄 친구의 학습권이 학교의 구조 때문에 침해받아서는 안 된다는 것이며, 자신들이 자유롭게 학교의 모든 시설물을 이용하는 것처럼 휠체어를 탄 친구도 그 어떤 구조적 장애를 겪지 않아야 한다는 것이다. 이유는 그냥 같은 친구이기 때문이다.

마을에서 아이들이 사라지는 이유

"가난한 사람들이 도덕적 자제를 실천하게 하라. 그래서 많은 자녀를 갖지 않게 하라. 그러면 가난한 사람들은 자립할 수 있게 될 것이다. 열 명쯤의 자녀를 길렀고, 어쩌면 자기 아들들이 조국을 위해 전쟁터에서 싸우고 있을지도 모르는 부인은 사회가 자기에게 많은 빚을 지고 있다고 생각하기 쉽다. 그러나, 그 문제를 공정하게 판단하기 위해 존경받는 부인과 무시당하는 노처녀를 정의의 저울에 올려놓는다면, 노처녀 쪽의 저울

대가 기울 것이다."

- 토머스 R 맬서스, 《인구의 원리에 관한 소론》, 1798년 초판, 1803년
제2판 발췌

토마스 맬서스Thomas Robert Malthus, 1766~1834는 영국 국교회
의 성직자이자 정치경제학자이다. 모든 인간은 평등하기
에 시민으로서의 자유와 권리를 가진다고 주장한 프랑스
대혁명에 대해 반대의 뜻을 밝히기 위해 《인구론》을 집필
한다. 《인구론》에 동의하는 이른바 맬서스주의는 기근,
질병, 전쟁, 사고 등에 대해 인구를 조절하기 위한 자연의
법칙이 작동하는 것이라고 주장하며 더 나아가 우생학을
신봉한다.

인간을 존재 자체로 보는 것이 아니라 우열의 기준을
두고 구분한다. 기준은 경제적 가치로서의 효율성이고 효
율성은 경쟁을 의미하며 경쟁은 곧 자연의 법칙이라고 말
한다. 그 대표적인 결과가 부와 가난이다.

맬서스는 가난에 대한 사회적 개입에 대해 이렇게 주장
한다. 자연의 법칙에 적응하지 못하는 가난한 자들을 구제
하게 되면 더 많은 가난한 인구가 생산될 뿐이며 이에 따
라 식량이 부족하게 된다. 그래서 가난한 자들을 구제해서

도 안 된다. 가난한 사람의 자녀가 전쟁에 나가 조국을 위해 싸워서 전사했을지라도 말이다. 《인구론》을 통해 밝힌 맬서스의 주장에 대해 계층 간 적대감과 갈등을 증폭시킨다며 비판의 목소리가 있었지만, 보수주의적인 지배계급은 애덤 스미스의 계보를 잇는 두 번째 경제학자의 자리에 맬서스를 위치 지우고 그의 가치체계를 따르게 된다.

맬서스는 "가난하고 취약한 사람들을 구제한다는 것은 자연의 법칙에 어긋나는 것이다"라며 평등한 사회에 대해 자연법칙을 거스르는 반자연적인 행위라고 주장했다. 그는 평등한 사회를 만들고자 하는 구조적 움직임에 대해 반대한다.

농촌 총각의 결혼 문제가 대두된 지 30년 가까이 되어가고 있다. 원인이 무엇일까? 농사를 짓는 그 자체가 문제이기 때문이다. 92년도에 1인당 약 570만 원이던 농가 부채가 2020년에는 약 3천 760만 원으로 7배가량 증가한다. 맬서스적 관점에 따르면, 한국 사회에서 농업에 종사하여 가계 부채가 점점 쌓이는 것은 개인과 가족의 농사 짓는 능력의 부족과 한계 때문이다.

그렇기 때문에 농촌 총각들이 결혼을 못하는 것은 당연한 자연의 법칙이고 더 이상 농촌을 기반으로 한 인구가

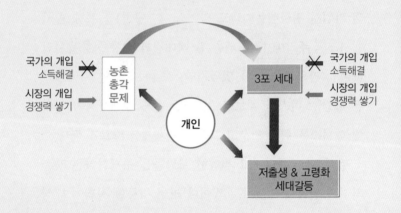

사회적 문제의 전이효과

증가해서는 안 된다. 그럼에도 이에 대한 해결을 원하면 마거릿 대처의 관점에 의지해야 한다. 국가의 구조적 개입이 아닌 개인에 대한 시장의 개입이다. 놀랍게도 이런 방안이 현실로 이루어진다. 국제결혼 정보회사를 통해 농촌 총각의 결혼 문제가 해결된다.

그런데 다시 문제가 발생한다. 이제는 농촌 총각뿐만 아니라 도시의 청년들도 결혼을 포기하고 연애를 포기하고 아이 낳는 것을 포기한다. 맬서스적 관점에 따르면 철저하게 개인의 능력 탓이다. 이번에도 대처의 관점에 의

지한 해결 방안이 필요하다. 이 역시도 국가보다는 시장을 통하는 길이 더 우선시된다.

청년들이 노동시장에서 자신의 능력과 경쟁력을 올리기 위해 상품처럼 스펙 쌓기를 한다. 부모의 능력과 재력이 뒷받침된다면 가능한 일이지만 그렇지 못한 청년들은 값싼 노동시장으로 뛰어든다. 빚을 내서 주식 혹은 코인에 투자하는 '빚투'의 대열에 참여하기도 하고 영혼까지 끌어 모아 주택시장의 갭투자에 뛰어든다.

농촌 총각이 발생하게 된 근본적 원인은 불안정한 농가 소득에 기인한다. 농업을 둘러싼 경제구조가 뒷받침되지 못하고 있으며 이를 해결해야 할 정부가 구조적 개선을 하지 못하였기 때문이다. 왜 못하였을까? 정부의 능력 부족인가? 한국은 1995년에 국민소득 1만 달러를 넘어서서 선진경제로 진입하기 위한 상징적 관문에 들어섰고 실질적 경제 규모가 세계 10위였다.

정부의 능력 부족이라기보다는 정책 운영에 대한 정치적 결정권을 가진 주류 집단의 철학과 관점이 핵심 요인이다. 문제의 원인을 개인으로 귀결시키는 관점이 사회 전반의 주류적 가치체계로 자리를 잡아 가고 있었기 때문이다. 농촌 총각에서 발생했던 사회적 문제가 전이효과를 타고 청년 세대 전반으로 고스란히 옮겨갔다.

결국 문제의 원인과 결과를 개인의 능력 탓으로 보는 관점에 기반한 '가난한 자는 아이를 낳지 말라'는 맬서스의 예언이 200년 후 한국 사회에서 증명된 것이다. 그리고 그 해결책으로 선하고 착한 사람들이 나서서 '우리의 이웃을 돌보고 도와야 한다. 그것이 국민의 의무이다'라는 진실을 마주할 수 있게 되었다.

구조적 문제에서 발생한 것임에도 개인의 능력과 부적응의 문제로 귀결시키는 질서가 이미 한국 사회 전반에 자리 잡고 있다. 정부의 역할에 기대할 것이 과연 무엇인가? 라는 수동화된 자기반성의 모습은 사회가 아닌 마을에서라도 도움의 손길을 주어야 한다는 믿음 아닌 믿음, 철학의 공백을 우리 모두에게 심어 주고 있는 것이다.

구조 변화를 위한 구체적 실천

마을에서의 나눔은 세상을 바꾸는 가장 좋은 방법이다. 더 나은 세상을 만드는 것을 목표로 삼고 살아가자는 공동체적 제안이다. 사회권과 시민권에 기반한 권리의 나눔이라는 이타심을 발휘하면서 살아갈 것을 제안하는 것이다. 이타심은 불쌍하기 때문에 도와주는 것이 아닌 가족 공동체와 같은 무조건적인 호혜성이어야 한다.

좋은 공동체를 만들기 위한 우정으로서, 사람에 대한 기준이 아닌 구조를 바라보는 관점으로서의 이타심이어야 한다. 공동체 내에서 인간에 대한 기준, 우열을 구분하는 것이 아닌 누구나 존엄하고 평등한 인간이라는 연대성에 기반한 이타심이어야 한다.

이러한 연대성이야말로 가족공동체에서만 존재하던 무조건적인 호혜성이 기준과 경계를 뛰어넘어 공동체로 확장하여 작동하도록 만든다. 나와 또 다른 나의 동질감이 인정되어 연대성이 발휘되는 것이다. 이것은 공동체 구성원이 함께하는 학습과 토론을 통해 형성된다. 공동체를 바라보는 관점과 철학이 공유되며 마을의 구조를 변화시키기 위한 구체적 실천으로 나타난다.

2022년 여름, 서울의 한 동네에서 반지하에 살던 가족이 갑자기 쏟아진 폭우에 안타깝게 생을 마감한 사고가 발생했다. 옆 골목에서도 동일한 사고가 발생했다. 더 이상 무고한 희생을 지켜볼 수 없었던 마을 주민들이 온 힘을 다 모았다. 그리고 결국에는 그 이웃들을 살려 내었다.

그 사고 이후 공동체의 목소리는 어떻게 변했을까? '다음에도 폭우로 인한 침수 피해가 발생하면 발 벗고 나와서 도와줄 수 있도록 자원봉사 활동을 조직합시다'라는 제안보다는 반지하라는 공간이 유지되는 사회적 구조를 바꾸라고 정부와 국가에 요구하는 권리 나눔의 목소리를 내기 시작했다.

결국 마을에서의 나눔은 어떠한 모습으로 나타나야 하는가, 마을의 변화는 무엇인가, 라는 질문에 대한 답은 명확하다. 공동체의 그 누구도 사회적 가치에 대한 나눔에서 소외되지 않는 구조를 만들어 가는 것이다. 이것이 행복을 달성할 수 있는 근본적 변화의 시작점이다.

행복에, 확신이 없는 이들에게

글을 마무리하는 시점, 지난 세월을 돌이켜 보면서 '왜 이 책을 쓰게 되었을까'를 생각해 보니 문득 하나의 사건이 떠오른다. 한국 사회의 변화를 위해 나름의 노력을 기울이던 그때, 혈기 왕성하게 활동하던 나에게 한 사람이 찾아왔다. 그는 나의 가슴 속에 뜨거운 각인으로 '행복'이라는 두 글자를 새겨 놓고 돌아갔다. 이후 나는 치열하게 행복에 대해 공부를 시작하게 되었다.

지금으로부터 10년 전인 2013년 여름, 캐나다에서 다큐멘터리 영화감독이 나를 찾아왔다. 시민운동 분야에서 활동하는 인물들을 섭외하여 국가별 '행복'을 주제로 다큐멘터리 영화를 찍는다는 것이다. 감독은 내게 "한국 사회에서의 행복은 무엇입니까?"부터 시작해서 다양한 질문을 던졌다.

촬영은 흥미로우면서도 순조롭게 진행되었다. 감독은 외국인으로서 한국 사회의 다양한 이슈를 궁금해했고 그것이 한국 사람들의 행복과 어떻게 연결되는지에 대해 질문하였다. 그는 내가 생각하고 분석하고 판단하는 모든 것들을 장시간의 인터뷰를 통해 능숙하게 다 뽑아내고 있었다. 활동가로 일하면서 많은 인터뷰를 했지만, 이렇게 뛰어난 실력을 갖춘 감독은 처음이었다.

"마지막 질문입니다" 하면서 촬영의 마무리를 위한 스탠바이를 외쳤다. '이제야 드디어 촬영이 끝나는구나'라고 긴장을 놓던 그 순간 감독이 던진 한마디는 나의 근육을 다시 강직 상태로 만들어 버렸다.

"한국 사회에서 당신은 현재 행복합니까?"

나는 그가 이 마지막 질문을 위해, 이 한 장면을 위해, 이 질문에 대한 대답을 듣기 위해, 돌아 돌아 나를 여기까지 오게 한 것이라는 것. 인터뷰는 오랫동안 진행되었지만, 내가 그의 안내에 따라 이 경로를 밟게 되었다는 것을 알아차리는 데는 그리 오랜 시간이 걸리지 않았다.

이내 정적이 흘렀고 나는 침묵의 늪 속으로 빠져 버렸다. 몇 시간 동안 감독과 마주하던 나의 눈빛은 초점을 잃었다. 고개가 나도 모르게 떨구어졌다. 그리고는 눈시울이 뜨겁고 축축해졌다. 카메라는 줌 인 되어 내 곁으로 와 조용히 기다리고 있었다. 10년이라는 시간이 흘렀지만, 그 질문에 대해 떨리며 답하던 나의 목소리를 나는, 잊지 못하겠다.

"행복하지 않습니다!"

삶에 대한 자세가 늘 긍정적이었던 나는, 내가 하고 싶은 사회적 실천 활동을 하면서 살고 있기에, 그래도 괜찮은 삶을 살고 있고 행복하다고 생각하고 있었다. 하지만 이 인터뷰를 통해 깨닫게 되었다. 개인으로서의 내가 아니라, 나를 공동체 속에 위치시켜 놓고 보았을 때, 그 안에서의 행복은 과연 어떤 의미인가를 말이다. 그렇기에 '나' 혼자만의 행복을 추구할 수는 없었다.

공동체를 위한 실천 활동에 앞장서고 있다고 자부하고 있었지만, 빙빙 돌아 나에게 귀결되었던 질문의 본질을 마주하게 되었을 때, 내 주위를 둘러싸고 있는 행복하지 못한 또 다른 '나'들을 비로소 떠올리게 되었다. 주관적인 내 '행복'의 영역에 타인의 그것을 연결하지 않고 있었던 나의 인식은 바로 사회적 모순에서 비롯된 것임을 깨닫게 되었다. 그날 이후 나의 실천은 새로운 전환을 맞게 되었고 학문적 연구를 바탕으로 '누구나 소외되지 않는 공동체의 행복'을 위해 노력하고 있다.

'행복한가?'라는 질문에는 여전히 '잘 모르겠다' 고 대답하는 사람들이 많다. 왜 그럴까? 이 책을 통해 그 이유를 들여다보았으면 한다. 행복한 공동체 안에 행복한 개인이 존재한다는 단순한 사실, 행복은 결코 사회의 구조적 환경과 별개가 아니라는 것, 이런 것들을 인식하고 토대로 삼아 공부하고 실천하고 행동하는 데 도움이 되기를 바란다. 그래서 민주시민으로 성장하는 데 보탬이 된다면 더 바랄 것이 없다.

원고가 늦어져 노심초사했을 한국방송통신대학교 출판문화원에 미안하면서도 깊은 감사의 마음을 전한다. 또

이 책《행복계약을 맺은 사람들》의 표지디자인을 위해 훌륭한 작품을 흔쾌히 제공해 주신 이태길 화백님께도 큰 은혜를 입었다. 마지막으로, 이 책을 기획하고, 내야 한다고 '꼬드기고' '영감'도 줬다가 '닦달'로 쥐락펴락하면서 제목부터 표지디자인 그리고 마지막 장까지 멋지게 편집해 주신 장빛나 선생님께 고마울 따름이다.